知性の磨き方

齋藤 孝

SB新書
374

はじめに

知性は「生きる力」そのものである

「○○教徒はテロリスト予備軍だ」

「移民をわが国から追放しろ！」

「海外の生産拠点はとにかく国内へ」――

近年、こうした排外主義的な主張を声高に行う指導者が、先進国・途上国を問わず世界各国に相次いで登場し、その国の大衆層から熱烈な支持を受けるようになっています。

彼らの言説は、正義は必ず自分たちの側にあり、対立する国家や民族、集団は常に不正である、と信じ込んでいる点であまり違いが見られません。

こうした指導者がもて囃される原動力のひとつに、「反知性主義」があります。

反知性主義は、知的な権威や良識を懐疑し、論理や論理性、科学的な裏付けを軽視する一方で、好き／嫌いなどの素朴な感情や、自分たちの主観的なものの見方に価値を置く態度のことをいいます。現代はこの反知性主義が、エリート層への不信感と相まって世界的な広まりを見せている時代であるといえます。

しかし私は、だからこそいま声を大にしていいたいのです。「知性は、現代社会を生き抜いて行く上で必要不可欠なものである」、と。

未知の現象や未体験の事態に遭遇したとき、知性の乏しい人ほど慌てふためいてしまうものです。その姿を客観的に眺めれば、天変地異を悪魔や悪霊の仕業であると思い込み、必要以上に恐れてきた、文明以前の人類に似ているかもしれません。

ものごとに対して過度の恐怖を抱いてしまうと、人は、それを妄想の中で処置してしまうばかりで、いつまでたっても適切な対処ができません。しかし知性があれば、未知の現象に遭遇しても臆することなく、偏見に絡め取られることもなく、現実に即した対処が可能になります。

なぜなら知性とは、困難な問題や厳しい現実に直面したときに、その原因が何であるかを見極める力であり、取りうる現実的選択肢を探る力、そして実際に行動を起こし、対処するための力に他ならないからです。つまり真の知性とは、「生きる力」そのものなのです。

ただしここで気をつけておきたいのは、「知性」は必ずしも「知識」とは一致しないということです。

「論語読みの論語知らず」という言葉があります。どれだけたくさんの本を読み、膨大な知識を蓄えていても、単にレジュメ風、つまり何年何月にどんなできごとがあり、誰々という偉人がこのようなことをいった、などの事実を羅列式に知っているだけなら、それは雑学でしかありません。

知性は訓練可能な力である

本書には『知性の磨き方』というタイトルがつけられていますが、このタイトル通り、知性は訓練によって高めることができる能力です。そしてその訓練の第一歩は、「理解すること」から始まります。

人は、正しく理解するからこそ正しく判断し、正しい行動ができるのであって、正しい理解に基づかない判断・行動をすると誤った方向にしか進めません。

理解に基づかない決めつけを、「先入見《せんにゅうけん》」「先入観」などと呼びます。19世紀末から20世紀初頭にかけて「現象学」を創始した哲学者フッサールは、こうした先入観をひとまず取り除き（捨象《しゃしょう》）、「括弧《かっこ》に入れる」ことで、初めて事象が事象として出現するのだと考えました。他者との関係においても、先入観は理解を妨げます。まずは先入観なく、虚心に相手の言葉に耳を傾け、理解しなければいけません。

これができるかどうかは、単純な頭の良し悪し以前に、その人の心に柔軟性が備わっているかどうかが重要になります。それまで知らなかった新しい情報に対して自分自身を開かれた状態に保ち、他者を理解しようというマインドを自分に準備できる「心の習慣」ができているかどうかの問題です。

「知は力なり」の格言で有名な、16世紀から17世紀にかけてのイギリスの哲学者フランシス・ベーコンは、正しい思考を阻《はば》む先入観が、ラテン語で「偶像」を意味する言葉「イドラ」に対応するものと考え、さらに4種類に分類しました。

人間という種に固有の生理感覚が生み出す先入観は「種族のイドラ」、教育や習慣など、個々人の経験による先入観は「洞窟のイドラ」です。噂話や無責任な憶測など、他人との接触や交際によって生まれる、言葉による先入観は「市場のイドラ」、権威や伝統を無批判に信じ込むことによる先入観は「劇場のイドラ」と、ベーコンは名付けました。

現実をありのままに直観するためには、こうした自分自身の心に根を張った思い込みや権威主義をまず取り除くことから始めなければいけません。これは自分自身の心のありかたを変えていくということですので、ある程度の年数をかけた訓練がどうしても必要になります。

また私は先程、先入観を除去できる柔軟性を「精神の若さ」と表現しましたが、これは必ずしも若者に備わっているとは限りません。自己の考えに固執する若者もいれば、永年の鍛錬の結果、オープンな心のあり方がちょっとやそっとでは揺らがないほどに身についている高齢者もいます。開かれた心の習慣こそ、精神の成熟です。

これを身をもって体現したひとりが俳聖・松尾芭蕉です。芭蕉の俳論をまとめた『去来《きょらい》抄《しょう》』の中で「不易を知らざれば基《もとい》立ちがたく、流行を知らざれば風《ふう》新たならず」（不易流《ふえきりゅう》行《こう》）という、あの有名な言葉が残されています。

時流とは関係ない（不易）、普遍性に通じなければ俳句を詠むことはできないが、かといって新しいもの（流行）を知らなければ凡作しかつくれない、という意味です。

じっさい芭蕉は、新しいもの、面白いもの、珍しいものを死ぬまで求め続けた人でした。

芸術家でも、固有のパターン（定石）を一度確立してしまえば、あとは自己模倣を続けるだけで死ぬまで名声を維持できたりするものです。ところが彼は、そうした定石をつくることを拒否し、何らかの新しい気づきや発見がないかぎり一句として詠まない姿勢を貫きました。

知性は「理解」で駆動《くどう》する

私は、一人の人間を他者なり自分以外の対象に向かわせるエネルギーには、「愛」と「理解」の2種類があると考えています。

この二つのうち、現代においてより重視されているのはきっと「愛」の方でしょう。たしかに愛という感情は、人間を理屈抜きで動かせる、きわめて強大な力を持っています。

私たちはしばしば、ある人が大きな罪を犯し世間から袋叩きに遭っているのに、その人の親だけは見捨てず、庇《かば》う場面や、借金癖など深刻な欠陥を抱え、第三者的に見れば一刻も早く別れるべき配偶者と添い遂げようとする人の例を見ることがあります。こうした人が障害にぶつかりながらも自分を曲げないのは、愛によって動かされているからにほかなりません。

しかし愛には、特定の者（物）にのみ向けられがちである、という性格もあります。すべての人、すべての事物を愛せた人も、人類史にはもしかしたらいたのかもしれませんが、愛する対象もいれば、そこまで愛せない対象もいる、というのが人間としてはむしろ普通でしょう。

その点「理解」は、「愛」ほどの熱はありませんが、どんなものに対しても働きかけが可能であるという点で、きわめて安定感のある力です。

世の中には、我が子をうまく愛することができないことに苦しむ親もいます。我が子が、自分のいうことをどうしても聞いてくれない、期待通りに動いてくれないと悲しむあまり、愛が憎しみに裏返ってしまう、という例だって少なくありません。

しかしたとえこのような場合でも、子どもを無理に愛するのではなく、まず理解しようとすることとならできるのではないでしょうか。

聞き分けのない子に対しても、その子がなぜそう振る舞うのかをじっくり観察し、その理由を粘り強く考えてみれば、案外子どもにも子どもなりの行動原理があることが見えてくるかもしれません。

それは動物相手でも同じです。猫には猫の行動原理があり、犬には犬の行動原理がありす。同じ犬という動物でも、個体が違えばそれぞれ考え方の違いや癖があり、それらを理解した上で付き合うのとそうでないのとでは、築ける関係が変わってきます。

同じことは、国家対国家の関係でもいえるでしょう。好き、嫌いではなく相手を「理解」することから始まる関係、理解力に基づく関係は、親密になるまで一定の時間を要するかもしれませんが、容易に壊れることがありません。

科学とは？　科学的であることとは？

勤め始めた会社の待遇があまりにひどくて心身を病んでしまい、友人に退職の意思を打ち明けたのに「石の上にも三年だよ」などの諺《ことわざ》で返された。あるいは、「この人しかいない」と思うほどに好きな相手に配偶者がいる悩みを友達に打ち明けたら、「不倫はよくない」で終わってしまった——そんな経験はないでしょうか？

一般論が一般論として通用するのはその論にそれなりの普遍性があるからであり、一般論を振りかざしていれば一見、知性的に見えたりするものです。しかしだからといって、どのような問題に対しても一律、杓子定規《しゃくしじょうぎ》に一般論を当てはめようとする人に本当に知性的な人はいません。人生のどこかで「止まってしまった人」という言い方もできると思います。

やはり知性があるのならば、普遍的な原則を個別、具体的な状況に当てはめた上で、柔軟に理解し判断したいものです。

ただし、何かのできごとに遭遇するたびにそのできごとに固有の面、具体的な要素ばかりに囚われてしまうのも行き当たりばったりが過ぎるというものです。一見まったく関係がないように見える事象同士でも目を凝らして見れば、事象Aと事象Bの間には共通のルールなり、法則が存在するかもしれません。

科学とは、こうした一見何の関連性もなさそうな現象群が実際は共通の法則に支配されているのではないかと仮説を立て、観察・検証することによってその仮説を証明する一連の作業にほかなりません。

「科学的である」とは、世の中に一般論として定着していることであってもまずは疑い、一般論に反していても仮説を立て、実際に観察なり実験をすることで検証しようとする態度・精神のことをいいます。

17世紀の天文学者であるガリレオ・ガリレイが「近代科学の父」と呼ばれるのは、彼がこの精神を具現した人だからです。ガリレオより1500年早く生まれた哲学者アリストテレスは大変な知性の持ち主ではありましたが、その彼にして思索に耽溺《たんでき》した結果、「重い物体と軽い物体を一緒に落としたら、重い物の方が先に落ちるはずだ」と、自ら検証することなく思い込んでしまいました。

ガリレイがピサの斜塔から大小2つの鉄球を落とし、物体が自由落下する速さは質量に左右されない、つまり重いものも軽いものも同時に落ちることを証明するまで、この勘違いを改める人は現れなかったのです。

実際にはピサの斜塔ではなく、斜面を転がして実験したともいわれていますが、原理は同じです。アポロ15号のスコット船長は、1971年に重力が6分の1の月面でハンマーと羽根を落とし、両者がゆっくりと同時に着地することを証明しました。この実験精神が科学です。

知性は他者からの批判を甘受《かんじゅ》する

20世紀に活躍した英国の哲学者カール・ポパーは、科学と非科学を分ける境目は「反証《はんしょう》可能性」であると定義しました。

ある仮説が提起された場合、その仮説に対して示された反証が有効だったなら、その仮説は間違いであったということになります。反証が出されなかったり、反証が出たけれども逆に反証の方に間違いがあった場合は仮説は否定されません。

したがって、他者から反証され、否定される可能性を拒んでしまったらもう科学的であるとはいえません。「あなたの説は間違っていた」「あなたのいっていることには矛盾がある」などと指摘されても腹を立てるのではなく、甘んじて受け容れる潔《いさぎよ》さがなければいけないのです。

これは日常の議論においてもそうです。自分と異なる意見を持つ相手と意見を闘わせることで「ああ、そういうものの見方もあるのか」と気づくこともあるかもしれないし、「全面的に賛成することはできないけど、この部分に関しては大いに頷《うなづ》ける」などの発見をすることで、今までAだと思い込んでいた自分自身の立ち位置が、実際にはB寄りであること、A'（Aダッシュ）の立場であることに気付かされるかもしれません。

対立する二者が議論を経ることでお互いの立場を微妙に変化させる、ということは知性主義に立脚する限りはごく自然にあり得ることです。知性にはそのような弁証法的な効果があります。

ところが、現実の社会には、大学教授など、一般には知性があると見られる人同士がする議論であるにもかかわらず、議論の前と後で、双方の考え方にまったく変化が生じない、という例を目にすることもしばしばあります。このような議論の場合、果たしてそれが本当に議論と呼べるものだったのかは大いに疑わしいところです。

知性を鍛えるためのロールモデルを持つ

知性を会得《えとく》し磨き上げる過程で、何か一つの定まった方法があるわけではありません。若い人の場合、学校の勉強に取り組むことだって、大いに役立つところはあるでしょう。

特に数学は、論理力を鍛えるための科目ですので有効でしょう。実際、デカルトらを筆頭に多くの偉大な哲学者たちが、数学を武器に哲学上の難問に取り組んできた歴史があります。

とはいえ数学ができたから即「知性がある」のかというと、そうはいい難いのも事実です。実際のところ、私たちが人生で直面したり、人類が解決を迫られている生《なま》の現実と、数学の間には相当の距離があります。数学を通じて論理力を鍛えられているから難解な論理問題は解けるけれど、現実的な人生の課題にはまったく対処できない、という人だって実際にいます。

だからといって、高校の社会科科目である現代社会の教科書を丸暗記したから国際政治の課題を解決できるとはいえません。このレベルをもう何段階か上げて、六法全書や国際法をすべて覚えたからできる、というものでもないでしょう。

結局、「勉強」によって身につくものは知性にとって有効な要素を含みつつも、そのまま知性として応用しようとすると噛み合わないものなのです。

知性を身に付けるうえで何がベストか、と考えると、私はやはり実在した人物たち、つまり困難な時代にあって知性を武器に懸命に生き抜いた人たちの生き方を手がかりに、彼らの思考・思想をケースワーク的に学ぶことが最も吸収効率が高いように思います。

知性の重要性をよく知り、自分の知性を高めるために様々な苦労・試行錯誤を重ねること。

そうして困難な課題に取り組むための武器として知性を実際に駆使した人たちをロールモデル（手本）として設定し、彼らの思考の過程を、彼らが遺した書物などを通じて私たちも追体験するのです。

この追体験の再現度を可能な限り高めていくことで、私たち自身が困難に陥《おちい》ったとき、「あの人ならばどう行動したか」と考えることが自然とできるようになるはずです。また、そのモデルが骨太な知性の持ち主であればあるほど、私たちの知性の骨格も太くなっていくでしょう。

この際に、「この人物こそが知性の鑑《かがみ》だ」と思えるある一人の人物を想定して、その人の生き方、思考法を完全に模倣したいという人もいるかもしれません。それももちろん、一つのやり方であろうと思います。

ただその一人があまりに昔の人だと難しい面もあるでしょう。例えばブッダなどは世界史上屈指の知性の持ち主ですが、２５００年前に彼が実際のところ何を考えていたかとなるともはや把握しきれないことのほうが多いのも事実です。ブッダの弟子たちが後世に伝えた内容以上にブッダの思想に迫るのは、なかなか難しい作業です。

モデルとする人物は、なるべく想像可能な範囲内の人にすべきでしょう。

自分の気質、生のスタイルに合致したモデルを選ぶ

ただしここで注意しなければいけないこともあります。

私たちがロールモデルとする人の知性が、そのモデルの思考を追体験することによってある程度共有できることは間違いありません。ただ一方で知性は、何ごとも決めつけることなく追求し続ける態度であるがゆえに、また考え続けるということそれ自体に知的な体力も要求されるゆえに、おのずとその人それぞれの生き方のスタイルが影響してくるということです。この生き方のスタイルは、その人の生まれつきの気質にも大きく左右されるものであるため、変えようと思ってもそう簡単に変えられるものではありません。

つまり私たちがそれぞれに持つ生来の気質によって、知性のあり方も若干変わってくる、ということがありえるのです。

また、いかに素晴らしく、かつ共感できる人でも、現代においてロールモデルにするにはいささか無理のある人もいます。

例えば、吉田松陰《しょういん》などは現代に通じるところもある偉大な教育者であり、私自身も大好きな人物ですが、かといって松陰の生き方を１００％引き継ごうとしたら物凄く生きづらく

なると覚悟しなければいけません。

なにしろ彼は、時の権力者である幕府要人の暗殺を計画し、法廷に引き出された際はその計画の存在を、誰に尋ねられたわけでもないのに自分から堂々と白状したことで30歳の若さで処刑されているのです。

松蔭のような人物をモデルにするのであれば、彼の教育者としての面や行動家としての面は見習いつつも、彼のエキセントリックなまでの純粋さをどこまで取り込むかは慎重な判断が必要でしょう。というより、こればかりは切り離さないと、現代人が取り込むモデルにはなりにくいかもしれません。

したがってロールモデルを選択するにあたっては、自分自身の気質への合致度も考慮しつつ、自分の骨格にできそうな人を無理に一人に絞らず、何人か組み合わせていくのがよいでしょう。自分が最も鑑《かがみ》としたい人については70％を目指すけれども、残りの30％についてはほかのモデルの要素も取り込むとか、あるいは一律に25％ずつ、4人の人物の要素を自分の知性に形づくるなど、取り込み方のイメージは人それぞれに異なっていて構いません。

本書でこのあと紹介することになる人たちは、いずれも近代の日本における代表的な知性の持ち主たちばかりであり、どのようなタイプの人であっても、これらの先人を並べればその中に気質的にも合致する人が必ずやいるであろうという「知性の類型」でもあります。

ここで紹介する5つの知性のあり方をそれぞれに捉えてもらうことで、読者の皆さんが今後の人生で知性を追求していく上でのスタイル――野球でいえば、投手のピッチングフォームのようなもの――を完成させてほしい。それが著者である、私の願いです。

知性の磨き方／目次

第2章　激変する時代を切り拓く知性……65

第3章 肚、身体に宿る知性

第4章 自我を解き放つ知性

本文写真：アフロ

第1章

悩みぬくことで鍛えられる知性

近代日本屈指の知性・漱石に学ぶ

知性には、「悩むことができる力」という側面があります。

人が悩みを抱えるにあたり、その対象とするのは、普通ならば人間関係や健康、経済的事情など、個人の人生・生活において生じるあれこれでしょう。

ところが稀《まれ》に、こうした悩みばかりでなく、国家規模の問題や人類全体の課題を、自分自身の問題と捉え、真剣に思い悩む人がいます。こうした悩みは、規模の大きな問題をその本質から理解すればこそ生じるものです。こうしたスケールの大きな悩みを抱えている時点で、その人はかなり知性を鍛えられているのかもしれません。

今から約100年前の日本にも、国家を自分自身と同一視し、日本の宿命を自らの宿命と捉えて悩み抜いた第一級の知識人がいました。誰あろう文豪・夏目漱石です。

日本に初めて近代的な小説が生まれた明治初期から現代までを通じて、漱石ほどの人気を得た作家はほかにいません。一方で彼は、決して完璧な人ではありませんでした。イギリス留学中に神経衰弱に罹《かか》っています。

漱石の神経衰弱的な症状は、後半になっても出ています。

代表作『こゝろ』が書かれた大正3（1914）年頃の日記を読むと、家で下働きをしている下女が鏡子《きょうこ》夫人と裏で示し合わせて、奥歯を「ひーひー」と鳴らすことで自分に嫌がらせをしてくる、といった記述も出てきます。

〈この漁師の娘という下女は奥歯に物のはさまったように絶えず口中に風を入れてひーひーと鳴らす癖《くせ》がある。初めは癖と思ったがあまりに烈しいので、これは故意の所作《しょさ》だと考えた〉

〈電車の中で下女と同じように奥歯を鳴らすものがある。私も鳴らした。先方はそれで止めた〉

〈今でもうちの下女はこのひーひーを已《や》めない、しかも妻君《さいくん》のいない時を選んで最も多くやる。これは妻の命令とも取れるし、又妻がいないから遠慮がいらないという意味にも解せられる〉

こうした記述を読む限り、もはや神経過敏を通り越して一種の被害妄想にとり付かれていたのかもしれません。

ただ、漱石のこうした弱点だけを切り取ってあげつらうのはまったく意味のないことです。

漱石が神経衰弱に罹った要因は、彼が背負っていたもの（それはすでに述べたように近代日本人の運命についての問題であるわけですが）を知らなければ理解できません。漱石はそれをあまりに誠実な仕方で背負っていたのです。

自分を見失いがちな状況でどう振るまうか

漱石が背負っていたものが何かを考えるヒントは、彼が明治44（1911）年8月に和歌山県で行った講演の採録『現代日本の開化』（ちくま文庫「夏目漱石全集10」所収）に記されています。ここで漱石は、明治日本で起きた（文明）開化が、西洋諸国で起きた「一般の開化」と比べてどう違うのかを論じることから始めています。

以下にその一部を引用しましょう。なおこの講演が行われた1911年は、漱石が『三四郎』『それから』『門』と続く、いわゆる「前期三部作」を発表し終えた年です。

〈それで現代の日本の開化は前に述べた一般の開化とどこが違うかと云《い》うのが問題です。もし一言にしてこの問題を決しようとするならば私はこう断じたい、西洋の開化（すなわち一般の開化）は内発的《ないはってき》であって、日本の現代の開化は外発的《がいはってき》である。ここに内発的と云うのは内から自然に出て発展するという意味でちょうど花が開くようにおのずから蕾《つぼみ》が破れて花弁が外に向うのを云い、また外発的とは外からおっかぶさった他の力でやむをえず一種の形式を取るのを指したつもりなのです〉
〈日本の現代の開化を支配している波は西洋の潮流で、その波を渡る日本人は西洋人でないのだから、新しい波が寄せるたびに、自分がその中で居候《いそうろう》をして気兼《きが》ねをしているような気持ちになる〉

漱石が生きていた文明開化の時代、世界の覇権は西洋の列強諸国が完全に掌握しており、経済も科学技術も文化も、あらゆることは西洋中心に発展していました。その中に日本が割って入ろうとするならば、日本人は「気兼ね」、つまり居心地の悪さを感じざるを得ないだろう、と漱石はいっています。

そしてこうした国際状況にあって、それでもなお文明社会の一員であろうとするならば、〈現代日本の開化は皮相上滑《ひそううわすべ》りの開化であるっていう事〉を〈涙を呑んで上滑りに滑って行かなければならない〉、すなわち、「自分たちは本物の文明国ではない」という事実を耐え忍びながら、それでも表面上はそんなことは気にもしていない振りをして、やり過ごしていかなければならないだろう、というのです。

漱石がいうように、日本の近代化が外発的、つまり外圧をきっかけに否応なしに進められたことは否定のしようがないことであり、そのような自然でない近代化を進めれば、社会の至る所に歪《ゆが》みが生じるのも当然でした。

しかし当時の日本には、一日でも早く列強に追いつかなければ国が滅んでしまう、くらいの危機感がありましたから、西洋の社会制度や技術、文化・芸術に至るまでたとえ猿真似と呼ばれようと必死に真似していく以外の道はなかったのです。

しかしそれが非常に辛いこと、特に知識人にとっては耐え難い痛みを伴うことを、漱石はよくよく理解していました。

いま西洋から日本に押し寄せている大きな潮流は、決して逆向きに流れることはないし、その波に晒《さら》されることによって、日本という国家と日本人は、今後自分を見失いがちになるのは避けられないだろう。そしてその中で「滑るまい」、つまり自己同一性を保とうとするなら、もはや神経衰弱に掛からざるをえないだろう、というのです。

〈少し落ち着いて考えてみると、大学の教授を十年間一生懸命にやったら、たいていの者は神経衰弱に罹《かか》りがちじゃないでしょうか〉

〈滑るまいと思って踏張るために神経衰弱になるとすれば、どうも日本人は気の毒というか憐《あわ》れというか、言語道断の窮状《きゅうじょう》に陥った〉——

これについて漱石は、〈私には名案も何もない。ただできるだけ神経衰弱に罹らない程度において、内発的に変化して行くが好かろう〉とも述べています。しかし、聴衆にそう語りかけている漱石自身、実はこのときすでに神経衰弱を相当にこじらせているのです。

もちろん実際には、明治から大正時代にかけての日本人がみんな神経衰弱になってしまった、などということは起きていません。

漱石の懸念した潮流に対し、「だったらこちらも西洋流の生活をすればいいだけだ」と開き直る人もいましたし、逆に「世の中がどれだけ西洋風になろうとも自分はすべて日本式で通す」と意固地になる人もいたはずです。このようにどちらか一方の極に簡単に振り切れる人の場合は、複雑な現実を見ていないぶん、神経衰弱になることはなかったはずです。

しかし漱石は、そのような単純な考えを持つにはあまりに知性が高く、また現実が見えすぎていました。彼は『現代日本の開化』の講演を、いかにも申し訳ないといった様子で次のように結んでいます。

〈苦い真実を臆面《おくめん》もなく諸君の前にさらけ出して、幸福な諸君にたとい一時間たりとも不快の念を与えたのは重々《じゅうじゅう》御詫《おわび》を申し上げますが、また私の述べ来たったところもまた、相当の論拠と応分の思索の結果から出た生真面目の意見であるという点にも御同情になって悪いところは大目に見ていただきたいのです〉——

日本の弱い立場を自分の劣等感として抱え込む

自分が生きる時代の宿命を一身に背負い、深く悩んでしまう。漱石の精神にこうした傾向がはっきりと現れるようになったのは、33歳にして文部省からロンドンで英語教育法の研究をするよう命じられ渡英した、明治33（1900）年10月以降のことだと考えられます。

明治時代の国費留学生といえば、彼らの研究成果次第で日本の近代化が10年早く進むこともあれば、逆に20年停滞することだってあるという、凄まじく責任の重い立場でした。エリートではあってもさほどいい思いができるわけでもなく、むしろエリートであるがゆえの尋常ならざるプレッシャーと闘わなくてはいけませんでした。

漱石の英国留学中の日記には、彼が感じていたその重圧を窺《うかが》わせる記述が随所にあります。

〈日本は三十年前に覚《さ》めたりという。しかれども半鐘《はんしょう》の声で飛び起きたるなり。その覚めたるは本当の覚めたるにあらず。狼狽《ろうばい》しつつあるなり。ただ西洋から吸収するに急にして消化するに暇《いとま》なきなり。文学も政治も商業も皆然《しか》らん。日本は真に目が醒《さ》めねばだめだ〉（1901年3月16日）

〈英人《イギリス》は天下一の強国と思へり。仏人《フランス》も天下一の強国と思へり。独乙人《ドイツ》もしか思へり　彼等は過去に歴史あることを忘れつつあるなり　羅馬《ローマ》は滅びたり。希臘《ギリシャ》も滅びたり　今の英国仏国独乙は滅ぶるの期なきか、日本は過去に於《おい》て比較的に満足なる歴史を有したり。比較的に満足なる現在を有しつつあり、未来は如何《どう》あるべきか、自ら得意になる勿《なか》れ、自ら棄《す》つる勿れ、黙々として牛の如くせよ。孜々として鶏の如くせよ、内を虚にして大呼する勿れ、真面目に考へよ　誠実に語れ。真摯に行へ。汝の現今に播《ま》く種はやがて汝の収むべき未来となって現《あら》はるべし〉（同21日）

一方で漱石は、日本ではエリートであるはずの自分が、英国の社会においては「日本人である」というだけで軽く見られる経験を留学中に何度かしています。おそらくはその影響もあり、彼はやがて当時の国際社会における日本の弱い立場を自分自身の劣等感として抱え込むようになりました。

日記における、ある家庭の夫人からホームパーティーに招待された際のくだりなどは、漱石の当時の劣等感を色濃く反映したものでしょう。これなどは同じ国費留学生でありながら留学先のドイツでごくスマートに振る舞い、ドイツ女性とのロマンスまでやってのけた森鷗外とは対照的です。

〈外国人の、しかも日本人を一度も逢ったこともないのに'at home'に呼ぶなんて野暮《やぼ》な奴だと思ったが仕方なく、向《むこう》も義理で呼んだんだろう。こちらも義理で行ったのだ。茶が出る。きまりきった事を二、三事話す。その内に亭主が出て来た。白髪頭の坊主だ。余り善い人ではないようだ。妻君は好い顔をしている。善い英語を使う。早々に還った。全く時間つぶしだ。西洋の社会は愚《ぐ》なものだ。こんな窮屈な社会を一体だれが作ったのだ〉（1901年2月21日）

やがて漱石は大学へ聴講に行くこともやめてひたすら下宿で英書を読みふけるようになり、ついには精神に変調をきたすようになりました。

〈近頃非常に不愉快なり。くだらぬ事が気にかかる。神経病かと怪《あやし》まる。一方では非常に

ロンドンの夏目漱石の下宿

ズーズーしき処《ところ》がある。妙だ〉（同年7月1日）

1902年には外務省宛に、「夏目狂《きょう》セリ」という電報まで打たれているほどです。

悩んだ末に自力で探し当てること

この時の心境について、漱石は『私の個人主義』という講演録の中で詳しく述べています。漱石は帝国大学（のちに東京帝国大学）で、英国の文学者ジェームズ・メイン・ディクソンのもとで英文学を学んでいるのですが、彼の指導内容は漱石にとって満足できるものではありませんでした。「文学とは何か」という、彼の根源的な疑問に答えてくれるものではなかったからです。

〈私は大学で英文学という専門をやりました。その英文学というものはどんなものかとお尋ねになるかも知れませんが、それを三年専攻した私にも何が何だかまぁ夢中だったのです。その頃はジクソンという人が教師でした。私はその先生の前で詩を読ませられたり文章を読ませられたり、作文を作って、冠詞が落ちていると云って叱られたり、発音が間違っていると怒られたりしました。

試験にはウォーズウォースは何年に生れて何年に死んだとか、シェクスピヤのフォリオは幾通りあるかとか、あるいはスコットの書いた作物を年代順に並べてみろとかいう問題ばかり出たのです。年の若いあなた方にもほぼ想像ができるでしょう、はたしてこれが英文学かどうだかという事が。

英文学はしばらく措《お》いて第一文学とはどういうものだか、これではとうてい解るはずがありません。それなら自力でそれを窮《きわ》め得るかと云うと、まあめくらの垣覗《かきのぞき》といったようなもので、図書館に入って、どこをどううろついても手掛りがないのです。

これは自力の足りないばかりでなくその道に関した書物も乏《とぼ》しかったのだろうと思います。とにかく三年勉強して、ついに文学は解《わか》らずじまいだったのです。私の煩悶《はんもん》は第一ここに根ざしていたと申し上げても差支《さしつかえ》ないでしょう〉

卒業後は中学校の英語教師になり、愛媛、熊本と赴任したものの、仕事に愛着を持つことはなかなかできません。チャンスさえあればこんな不本意な仕事は辞めて、自分が本当に心血を注ぐべき「本領」に専念したい、この世に生まれた以上は何ごとかをなさなければいけない、とずっと考えているのに「その本領というのがあるようで、無いようで……飛び移れない」と悩みます。

国費留学生は先程も述べたような立場ですから、漱石もロンドン留学中は必死で「何か」を模索しようとするのですが、相変わらずこの不安を抱えたままでした。

〈私はこうした不安を抱いて大学を卒業し、同じ不安を連れて松山から熊本へ引越し、また同様の不安を胸の底に畳《たた》んでついに外国まで渡ったのであります。しかしいったん外国へ留学する以上は多少の責任を新たに自覚させられるにはきまっています。それで私はできるだけ骨を折って何かしようと努力しました。しかしどんな本を読んでも依然として自分は嚢《ふくろ》の中から出る訳に参りません。この嚢を突き破る錐《きり》は倫敦《ロンドン》中探して歩いても見つかりそうになかったのです。私は下宿の一間《ひとま》の中で考えました。つまらないと思いました。いくら書物を読んでも腹の足しにはならないのだと諦めました。同時に何のために書物を読むのか自分でもその意味が解らなくなって来ました〉

しかし漱石はこのロンドンの下宿部屋でひたすら懊悩《おうのう》するなかで、彼の後の人生を決定づけることになる、ある重大な境地にたどり着きます。

〈この時私は始めて文学とはどんなものであるか、その概念を根本的に自力で作り上げるよりほかに、私を救う途《みち》はないのだと悟ったのです。今までは全く他人本位で、根のない萍《うきぐさ》のように、そこいらをでたらめに漂《ただよ》っていたから、駄目であったという事にようやく気がついたのです〉

「文学とは何なのか」と考え続け、留学先の下宿で英文学の原書をひたすら読んでその答えを探した（先述したように留学の目的は英語教育法の研究でしたが、漱石は途中で大学の聴講もやめてしまいました）ものの見つけられずにいた漱石でしたが、狭く薄暗い下宿先に閉じこもっていたある日、自分の問いの方法が間違っていたことに気づきます。すなわち西洋ではなく自分自身に立脚して、自分の頭で「文学とは何か」を考えるべきだと思い至ったのです。

この境地にたどり着いたときの心境を、漱石は次のように書いています。

〈その時私の不安は全く消えました。私は軽快な心をもって陰鬱《いんうつ》な倫敦《ロンドン》を眺めたのです。比喩で申すと、私は多年の間懊悩《おうのう》した結果ようやく自分の鶴嘴《つるはし》をがちりと鉱脈に掘り当てたような気がしたのです〉

「悩み方」のモデル

漱石がこのとき到達し、のちに〈自己本位〉あるいは〈個人主義〉と名付けた境地は、ワーズワースやジョン・キーツ、シェイクスピアなど英国の大作家・大詩人たちがいかに偉大であろうと、彼らの真似をしたり、その作品を批評・分析して充足するのではなく、まず何よりも夏目金之助《きんのすけ》という一人の日本の男が考えたことに忠実であろうとする覚悟でした。同時に彼はこのとき、自分自身の手で独自の文学を打ち立てなければいけないという決心も固めています。このときの経験がなければ、職業作家としての夏目漱石は誕生しないままだったかもしれません。

ただし漱石は、〈自己本位〉の境地に目覚めてからも、英文学を学ぶことを放棄したわけではありませんでした。放棄するどころか、その後さらに膨大な英語文献を読んでいます。『吾輩は猫である』を執筆中だった明治38（1905）年頃にはニーチェ『ツァラトゥストラ』の英語版と格闘し、『門』執筆中に胃潰瘍で吐血した明治43（1910）年「修善寺の大患」直後でさえ、すぐに英語の本を読み始めているほどです。

勉強は続けるし、西洋の作家や思想家の書物を一冊でも多く読む姿勢は変えない。しかしその目的は以前のように彼らの書くことをそのまま受容するためにするのではなく、あくまで自分自身が考え、自分の作品を書くための糧《かて》にするために読む、ということでしょう。

論語には「学びて思わざれば則《すなわ》ち罔《くら》し」「思いて学ばざれば則ち殆《あやう》し」という教訓があります。人のいっていることを習うのが「学び」だとすれば、「思う」は自分自身の頭で考えるということです。考えるだけで学びが足りなければ自己中心的な偏狭な考えにはまり込んでしまうおそれがありますが、「学ぶ」と「考える」のふたつを両輪として進んでいればそうなることはありません。漱石はそれを生涯かけて実践しました。

漱石が悩み抜いた末に「自分の足で立とう」と気づき、実践したことは、国家や世界といった巨大なテーマを個人が背負うに際しての「悩み方」のモデルになります。漱石の苦悩は、彼という一個の人間の枠を超えて近代日本にとっても重要な実験だったのです。

なぜ救済的な結末を書かなかったのか

漱石が苦悶にのたうち回った結果たどり着いた境地「自己本位」が、答えそのものというよりは答えに近づくための方法論であり、覚悟のありようであったことは漱石の作家性をある意味で象徴しています。というのは漱石のどの作品にも、何らかの明確な答えが示されることはないからです。

そもそも小説の存在意義とは、作家が問題意識を抱いているテーマについて、その作品を読んだ人間までも同じように引き受けることができるようになる点にあります。

新聞記事のように、ある一つの事実のみを伝えるのが目的で書かれる文章の場合は、読者が「解釈」する余地はありません。それに対して小説は作品として優れているほど、設定されている問題が何であるかをはっきりとは示してくれませんし、答えを提示してしまったらもはや小説とはいえません。

優れた小説とは、読者にとっての一つの現実のように立ち上がってくる力を備えたもので、なおかつその立ち上がる過程で読者に様々な問題を読み取らせ、読者自身の問題として考えさせることができる多様性と余白を持ったものだからです。

漱石の作品は、決してわかりにくい文章で書かれているわけではありませんし、一文ごとの文意はごく明瞭ですが、全体を通してみると非常に多面的なのが特徴です。

『こゝろ』という一つの作品だけをとっても実に多くのテーマが読み取れる構造になっています。

エゴと誠実さ。友情と恋愛。近代的自我。罪と罰。真面目に生きるとは。夫婦とは何なのか。師弟関係とは。あるいは殉死《じゅんし》の是非、明治とはいかなる時代だったのか等々——。これだけ多くのテーマを内包すればこそ、読む人が時代を超えて「これは自分の問題だ」と感じさせることができるのであり、同じ一人の読者でも、数年経ってその人の立場や心境に変化が生じると、以前読んだときとはまったく違う印象を受けたりするのです。

漱石の作品にこれだけの多面性があるのは、彼が「近代日本に生きる人間はどう生きるべきか？」といういうきわめて大きな課題を引き受け、その上で具体的な物語に落とし込むことを目指したからです。そうであるからこそ、現代においてもこれだけ多くのテーマでの漱石論が書かれるのです。

戦後を代表する評論家の一人である江藤淳《えとうじゅん》は、学生時代に「三田文学」で発表し絶賛された論文『夏目漱石』で次のように書いています。

「しかしぼくらが漱石を偉大という時、それは決して右のような理由によってではない。彼は問題を解決しなかったから偉大なのであり、一生を通じて彼の精神を苦しめていた問題に結局忠実だったから偉大なのである」

「彼が「明暗」に「救済」の結末を書いたとしたら、それは最後のどたん場で自らの問題を放棄したことになる。（中略）そして生半可な救済の可能性を夢想するには、漱石はあまりに聡明な頭脳を持ちすぎていたのである」

漱石の作品にはハッピーエンド的な終わり方をする作品はほとんどありません。『それか

ら』『門』などが特に典型的ですが、主人公たちの人生にはこれからも多くの波瀾が待ち受けていることを予感させつつ、唐突に終わる印象さえ受けます。

漱石からしてみれば、救済的な結末を書くのは簡単なことだったでしょう。しかしそれでは問題を放棄したことになってしまうという思いがあったからこそ、あえて反対の書き方をしたのです。

漱石ほどの知性を持ちえない普通の人の場合、ある程度長い時間考え続けていると考えることに疲れてきてしまい、何か手っ取り早い救済が欲しくなるものです。

「もう、このぐらいでいいや」と考えるのをやめ、とりあえずの結論なり解決策を示して「じゃあ、これで行きましょう」といってしまいたくなるし、人からも「あなたの救済案はこれです」といってもらいたくなる。でもこうしておけば、とりあえずその人にとっての問題はそこで終わります。宗教が救済になる場合もあります。

しかし巨大な知性の持ち主には、大きくて複雑な問題ほど投げやりなことができず、考え続けてしまうという宿命があります。

常に考え抜く人の習性

宗教が救済になるのは、たくさんの問題に囲まれ不安定な状態にある自分に対して、確実な拠り所を与えてくれるものだからです。絶対的な存在である神が存在すると前提すれば、その絶対の存在を信仰する自分も安定できる、ということになります。

もちろん、神を目の前にしてなお自分自身の生き方を問い続けたキルケゴールのように、信仰を持ちつつ、自己に対しても非常に厳しい生き方を選択した人が歴史上たくさんいたのも事実です。しかしそれでも、神がない状態に比べれば自分の立ち位置がずっとはっきりするでしょう。

漱石の個性は、そういう超越的な存在に頼りそうでけっきょく頼らなかった点にもあります。『門』において、主人公は友人の婚約者を奪うように結婚した過去を持っており、苦悩した末に救いを求めて禅寺の門を叩きました。しかし結局、禅門には馴染みきれないまま、苦悩に満ちた日常に帰って来てしまいました。

禅は、坐禅を通じて無心の境地へ到達することを目指すものなので必ずしも何かを信仰するものではないのですが、その禅にさえ馴染むことができず、門前で立ち竦《すく》んでしまうのが漱石の主人公なのです。

見えすぎる人には、見えすぎる人なりの苦労というものがあります。

本当の知性、つまり何かを前提なく認めてしまうことをタブーとし、常に考え抜こうとする習性を持つ人にとって、自分の中に絶対的な拠りどころを持つのは難しいのかもしれません。

漱石自身も精神の平安を求めた結果、最晩年になって「則天去私《そくてんきょし》」という境地にたどり着いたとされています。

ただこれにしても、ごく広い意味での我執《がしゅう》、自分へのこだわりから自分を解放しようという心境であり、宗教的な意味での「天」(＝神)に従おうという心境ではありません。

漱石の人間的優しさ、懐の広さはどこから来ているか

漱石をこよなく愛する読者の中には、彼を生涯通して柔らかく揺れ動く心を持ち続けた人、悩み続けた人として見たい思いがもしかしたら強いかもしれません。

しかし私は、漱石は必ずしも一生悩み続けたわけではないと思っています。たしかに晩年には神経衰弱も悪化していましたが、病気に苦労する一方で、晩年にはもう一段高い次元で

ものが見えていたのではないかと思うのです。
そう考えることのできる根拠は、弟子や友人たちに送ったたくさんの手紙です。彼の手紙を読むと、実に膨大な数の人の世話をしており、しかもその態度が誠実であることに驚かされます。このような他人との関わり方ができた人が、悩むだけで一生を終えたとはとても思えないのです。
例えば漱石最後の随筆である『硝子戸《がらすど》の中』に、こんなエピソードが登場します。ある日、漱石のもとをファンの女性が訪ねてきます。彼女は漱石に小説にしてもらいたくて自分の辛い身の上を明かし、暗に自殺をほのめかしたりもするのですが、それに対して漱石は何もいいません。ところが彼女を家まで送り届ける途中、さりげないやりとりを通じて実に的確な助言をします。

〈次の曲り角へ来たとき女は「先生に送っていただくのは光栄でございます」と云った。私は「本当に光栄と思いますか」と真面目に尋ねた。女は簡単に「思います」とはっきり答えた。私は「そんなら死なずに生きていらっしゃい」と云った〉——

私などはこの三行ほどを読むだけでも、漱石の人間としての大きさに唸《うな》らされてしまいます。

普通に考えれば、漱石には女性の身の上話にこれほど親身に付き合ってあげる必要も義理もありません。現代の人気作家なら、こういうタイプのファンはストーカー化する恐れが大きいと考え、最初からシャットアウトするかもしれません。実際にそのようにしても、何ら非難されるいわれはないでしょう。

しかし漱石の場合は女性にあくまで誠実に向き合い、そればかりか彼女の口から出た何気ない一言に鋭く反応し、これほど優しく、心に刺さる一言をいえるのです。やはりどう考えても並の人物ではありません。

牛のように押せ、泥くさく悪戦苦闘せよ

しかも漱石のこの姿勢――様々な人の悩みに大小関係なく寄り添い、可能な限りの助言をしてやるという姿勢――はこの女性に限ったことではないのです。

よく知られているように、漱石には沢山の弟子がいました。

漱石の日記などを読んでいると、彼らは漱石の仕事中でもお構いなしにやってきて仕事の邪魔をしています。しかし漱石はその彼らのために、毎週木曜日を「木曜会」と名付けて開

放し、弟子たちが自由に集まり、話ができるようにしてあげていました。

おそらく弟子のためにこれほどの時間を割くことは、漱石個人の得にはあまりなっていなかったでしょうし、家族にとってはなおさらだったでしょう。神経にもあまりいい影響を与えなかったのではないかと思います。

しかし漱石はこれを、おそらくは日本のため、将来の日本を背負う人材を育成するためという意識を持ってやっていたはずです。現代において「個人主義」という言葉が「自分勝手」「マイペース」くらいの意味になってしまっているためによく誤解されますが、漱石の個人主義には、こういう利他の精神や、他人を拒絶しないおおらかさがあったのです。

漱石は大正5（1916）年12月に49歳で亡くなっていますが、その年の8月21日に2人の弟子——ともに当時まだ24歳だった芥川龍之介《あくたがわりゅうのすけ》と久米正雄《くめまさお》——に宛てて手紙を書いています。


〈勉強をしますか。何か書きますか。君方《きみがた》は新時代の作家になるつもりでしょう。僕もそのつもりであなた方の将来を見ています。どうぞ偉くなって下さい。しかしむやみにあせってはいけません。ただ牛のように図々しく進んで行くのが大事です。文壇にもっと心持の好い愉快な空気を輸入したいと思います。それからむやみにカタカナに平伏する癖を

やめさせてやりたいと思います。これは両君とも御同感だろうと思います〉

そして3日後の同24日には、両名に宛ててもう一通別の手紙も出しています。

〈君方は能《よ》く本を読むから感心です。しかもそれを軽蔑し得るために読むんだから偉い。（ひやかすのじゃありません、誉めてるんです）。僕思うに日露戦争で軍人が露西亜《ロシア》に勝った以上、文人も何時《いつ》まで恐露病に罹ってうんうん蒼《あお》い顔をしているべき次第のものじゃない。僕はこの気焔をもうよほど前から持ち廻っているが、君等を悩ませるのは今回を以て嚆矢《こうし》とするんだから、一遍だけは黙って聞いてお置きなさい［中略］

牛になる事はどうしても必要です。われわれはとかく馬になりたがるが、牛にはなかなかなり切れないです。僕のような老獪《ろうかい》なものでも、ただいま牛と馬とつがって孕《はら》める事ある相《あい》の子位な程度のものです。

あせつては不可《いけ》ません。頭を悪くしては不可《いけま》せん。根気ずくでお出でなさい。世の中は根気の前に頭を下げる事を知っていますが、火花の前には一瞬の記憶しか与えてくれません。うんうん死ぬまで押すのです。それだけです。決して相手を拵《こしら》えてそれを押しちゃ不可せん。相手はいくらでも後から後からと出て来ます。そうしてわれわれを悩ませます。

牛は超然として押して行くのです。何を押すかと聞くなら申します。人間を押すのです。文士を押すのではありません〉

漱石はここで、若き芥川と久米のために、文学者の先輩としても、人生の師としても非常に含蓄《がんちく》のある言葉を贈っています。

君らの将来には、作家としても一人の人間としても、敵や障害にあたるものが次から次へと出てくることだろう。しかしそれらを、馬のように軽快に駆け抜けてしまうのではなく、牛のように押せ。泥くさく悪戦苦闘しろ。ただ文学上の問題を相手にするのではなく、人間を相手にするつもりで仕事に励め、というメッセージが受け取れます。

仕事のキツさを軽くするには

『こゝろ』を筆頭に、漱石の小説はすさまじいまでの多義性、解釈の多様性を有しており、これほどの小説を書くにあたって漱石が注ぎ込んだ知的エネルギーは想像を絶するものがあります。ある意味では、これほどの小説を書いて神経をやられないほうがおかしいと思えるほどです。

しかしだからといって、私たちのようなごく普通の人間が、漱石に比べて物凄くラクをしているというわけでもありません。

そもそも現代においては、普通に会社勤めをし、毎日仕事をこなしていくだけでも肉体的・精神的に相当タフであることが求められます。20〜30代くらいの年代だと、自分のキャパシティ以上の要求を多方面から同時に受けていっぱいいっぱいだ、という人も多いでしょう。

しかしそんな溺れてしまいそうな状況にあっても、ほんのひと呼吸ができる足場のようなものが自分の中にあれば、そこで呼吸を整え、自分のペースを取り戻すことはそれほど難しいことではありません。読者の皆さんには漱石から、そういう場所をもつための方法論も学んでほしいと私は思います。

そのヒントになりうるのが、漱石が明治44年に兵庫県明石で行った『道楽と職業』という講演の講演録です。このなかで彼は、職業というものは基本的にはすべて「他人本位」で行うものだと述べています。つまり人間一般が仕事をする理由は、自分では自給自足できないモノなりサービスを購入する資金を得るために、他人よりも優れている何かをお金に換えるためである。そして職業が他人本位である以上、どんな職業を選ぶにしても、お金を出してくれる人の求めに応じて「自分を曲げる」ことは致し方がない、というのです。

それは例えば新聞を発行する場合なら、記者本人は品位のある書き方をしたいところ、読者に喜んでもらうために多少は下品な書き方だってしなければいけない、ということです。同様にそれ以外の業種でも、本来の自分の道徳観念からすれば後ろめたいことだってしなければいけないかもしれないし、無知な振りをしなければいけないかもしれない。不義・不人情な阿漕《あこぎ》をすることだってあろう、というのです。

職業には、他人へのサービスという面がどうしてもあるということです。現代の日本人が読んでも「その通りだなあ」といいたくなる指摘でしょう。

一方で漱石は、どうしても他人本位にはなれない、「自己本位」でなければ成立しようのない職業も世の中には存在し、それは科学者や哲学者、芸術家などであるともいっています。彼らにとっての仕事は例外的に「道楽的」であるがゆえに、運が良ければ物質的に報われることもあるが必ずしもそうなるとは限らず、経済的窮乏に陥ることがあってもそれはそれで受け容れるしかない。そして自分の選んだ文学者という職業もまた、そうした「道楽的」範《はん》疇《ちゅう》に入る仕事なのである……。それがこの講演で漱石がいったことです。

哲学者でも芸術家でもない私たちの場合、真面目に仕事をしたのに物質的にまったく報われないのでは困ってしまいますし、「餓死しても恨まない」などという割り切りはとてもできるものではありません。

ただ一方で私は、漱石のいう「自分本位」の要素は、必ずしも芸術家や哲学者など、特殊な職業のみにあるものではないと思っています。これら以外のどんな職であっても、100％他人のためにやっている、ということは実はなくて、部分的には道楽だと思えるからやっていられるようなところがあるのではないかと思うのです。

私自身、そういうモードに入っている人に会うことが時々あります。

私は勤務先の大学で教員養成課程の講義を何十年か受け持っており、教え子の多くが学校の先生になっているのですが、卒業して10年後、20年後に彼らと会って話をすると、「こんな楽しいことが本当に仕事でいいのかと思います」などといわれることがよくあるのです。

ところが、最近の教員の仕事というのはそこまで楽しいことだらけなのか、と思って彼らの働き方を詳細に訊くと、客観的に誰もがそう思えるものとは程遠かったりします。何しろ毎朝7時前に出勤し、夜は9時すぎまで勤務、土日も部活動の指導……という働き方が常態化しているとのことで、これはいくらなんでも働きすぎです。

そんな生活を続けているのに「楽しい」「天職です」といい切る彼に、「じゃあ、君の同僚もみんなそうなの？」と訊くと、「えっ、いや、それは……。隣の席の同僚は鬱病で長いこと休んでいますが……」と少々慌てていました。

仕事の中に「自己本位」の要素を確保する

私はこの話が二つの教訓を含んでいると思いました。一つは、同じ仕事でも人によって道楽的職業に感じられる人もいれば、まったく感じられない人もいるということ（漱石も学校の教師の仕事は嫌っていました）。

もう一つは、他人のためにする一般的な仕事、しかもかなり大変な仕事であっても、その中にほんの1割か2割「自己本位」の意識、つまり誰のためでもない自分のためにやっているという意識が持てるようになれば、それが「息をするための足場」になること、場合によってはその仕事じたいを道楽的要素で埋め尽くしてしまう可能性さえある、ということです。

働く人本人がどれだけ他人本位のつもりでやっていても、自己本位の要素はどこかに入り込みます。というより、むしろとことん他人本位の精神で仕事に臨むほどに、自分本位に転じる瞬間は多く訪れるのかもしれません。

例えば営業のような仕事は、基本的にはお客さん本位であって、自己本位など入り込む余地は一見まったくなさそうにも思えますが、それでも商談なりサポートなりを真剣にやっていれば、その過程のどこかで、お客さんとの間で心が通じ合ったように感じる瞬間もあるはずです（むしろ商談などは、そうした信頼関係を互いに感じられたときほどスムーズに行くものではないでしょうか？）。

あるいは、自分なりの仕事の仕方、スタイルを見つける手応えや、そのスタイルを忠実に実践することで結果を出せたときの手応えも多分に「自己本位」的「道楽」的な要素でしょう。漱石が「私の個人主義」でいっていたような、「鶴嘴《つるはし》をがちりと鉱脈に掘り当てた」瞬間にごく近いものではないでしょうか。

こうした、その仕事において一義的に求められる成果を挙げることとは別の部分で、自分にしかわからない喜びがわずかでもあるのなら、それを意識するか、しないかで、仕事をこなす上での精神的な負担感も相当に変わってくるものです。

思えば漱石がロンドンの下宿の一室で見つけた「自己本位」の境地も、いってみれば彼が自分の使命（＝西洋という巨大な潮流に日本を呑み込ませない）を誠実に遂行する上での、「精神の緩衝地帯」のようなものでした。

悩んでも混乱せず、問いから逃げない

漱石の「個人主義」と現代人が使うときの【個人主義】、この両者の何がどう決定的に異なるかといえば、それは悩みとするものの対象です。

【個人主義】を自然な生き方の型とする現代人が悩みを持つとき、その対象となるのは自分自身の問題です。どうも印象として、最近の日本人は自分の問題ばかりに悩みのエネルギーを注ぎ過ぎなのではないかと思えます。

その点、漱石が悩みの対象としていたのは、まず近代日本の運命のことであり、日本人の生き方でした。そうでない場合も弟子や友人、頼ってきた見ず知らずの人など、他者の悩みを共有しようとしていました。

また漱石はどれだけ悩もうとも、混乱することはありませんでした。問題の所在も、その問題の答えが容易に出せるものではないこともよくわかった上で、なおかつ決して問いから逃げない。これが漱石の悩みの作法です。

悩んだ結果としてカオスから抜け出せなくなってしまうのだとしたら、それはやはり、その人がまだ自分の頭で整理するだけの知性を持ち合わせていない、ということなのです。

生涯の安心と自信を得るためには

実は本章初めで紹介した『私の個人主義』で漱石が話をした相手は、当時の学生たちでした。その学生たちに向かって漱石は、次のような情熱的な言葉で語りかけています。

〈…それはとにかく、私の経験したような煩悶《はんもん》があなたがたの場合にもしばしば起るに違いないと私は鑑定しているのですが、どうでしょうか。もしそうだとすると、何かに打ち当るまで行くという事は、学問をする人、教育を受ける人が、生涯の仕事としても、あるいは十年二十年の仕事としても、必要じゃないでしょうか。ああここにおれの進むべき道があった！　ようやく掘り当てた！　こういう感投詞を心の底から叫び出される時、あなたがたは始めて心を安んずる事ができるのでしょう。容易に打ち壊されない自信が、その叫び声とともにむくむく首を擡《もた》げて来るのではありませんか。すでにその域に達している方も多数のうちにはあるかも知れませんが、もし途中で霧か靄《もや》のために懊悩していられる方があるならば、どんな犠牲を払っても、ああここだという掘り当てるところまで行ったらよろしかろうと思うのです。必ずしも国家のためばかりだからというのではありませ

ん。またあなた方のご家族のために申し上げる次第でもありません。あなたがた自身の幸福のために、それが絶対に必要じゃないかと思うから申し上げるのです。

もし私の通ったような道を通り過ぎた後なら致し方もないが、もしどこかにこだわりがあるなら、それを踏潰《ふみつぶ》すまで進まなければ駄目ですよ。――もっとも進んだってどう進んで好いか解らないのだから、何かにぶつかる所まで行くよりほかに仕方がないのです。私は忠告がましい事をあなたがたに強《し》いる気はまるでありませんが、それが将来あなたがたの幸福の一つになるかも知れないと思うと黙っていられなくなるのです。腹の中の煮え切らない、徹底しない、ああでもありこうでもあるというような海鼠《なまこ》のような精神を抱いてぼんやりしていては、自分が不愉快ではないか知らんと思うからいうのです。

不愉快でないとおっしゃればそれまでです、またそんな不愉快は通り越しているとおっしゃれば、それも結構であります。願わくは通り越してありたいと私は祈るのであります。しかしこの私は学校を出て三十以上まで通り越せなかったのです。その苦痛は無論鈍痛《どんつう》ではありましたが、年々歳々感ずる痛みには相違なかったのであります。だからもし私のような病気に罹った人が、もしこの中にあるならば、どうぞ勇猛にお進みにならん事を希望してやまないのです。もしそこまで行ければ、ここにおれの尻を落ちつける場所があったのだという事実をご発見になって、生涯の安心と自信を握る事ができるようになると思う

から申し上げるのです〉

漱石という人はたしかに神経を病んではいましたが、その実像は大人であり、大人としての責任を懸命に果たそうとする人でした。

それは彼が、倫敦《ロンドン》の一室での自分の「尻」、つまり自身の文学論と創作活動とを落ちつける場所を見出したことで、中腰の不安定な時代に区切りをつけ、自信を得ることができたたからです。

私たちは漱石のもがき苦しむ過程から、自分の本領を捉え、光明を見出す瞬間がどこかに必ずある、と学ぶことができます。

同時に、そうした「自分の尻」を落ち着ける場所があることにより、今度は他人を含めたより多くの荷物を背負うことができるようになることも学べるはずです。

そうした悩める青年から責任と使命を背負って立つ大人へと続く境界の「跨《また》ぎ方」を、ぜひ漱石から学んでほしいと思います。

第2章

激変する時代を切り拓く知性

イノベーションに適応する知性

私たちが生きている現代が歴史的に見てもかなり変化の激しい時代であることは、職業のあり方ひとつを見ても明らかだと思います。

30数年ほど前、大学の友人の中に、日本長期信用銀行（長銀）に入行した人がいました。彼の就職が決まったときには、皆が「これで一生安泰だね」などと祝福したものです。この銀行がまさか破綻してしまうなどとは、誰も想像すらできませんでした。

技術革新によって企業のみならず、職業そのものが消滅してしまうことだってあります。例えば、少し前までは本やチラシなどの印刷物はレタリングなどの技術を持つ写真植字の職人さんがいなければつくれないものでした。ところが製版をパソコン上で行うＤＴＰの時代に入ると、職人さんたちの仕事は減っています。

特に最近は、人間がプログラムしなくてもＡＩ（人工知能）が自ら学習するディープラーニングの技術がめざましい発展を遂げており、自動車の運転や複雑な事務仕事など、これまでは機械には任せられないとされてきた分野でも、機械が人間に置き換わるのは時間の問題になりつつあります。

このような激変・激動の時代にあっては、知性のありようもイノベーション（刷新）に適応できることが必然的に求められます。自分自身の手で何かを発明するわけではないにしても、少なくとも新しい技術に対し、頭から拒否しない態度がなくては知性的とはいえないのです。

ダーウィンは『種の起源』において、自然淘汰（ナチュラル・セレクション）がこの世界を貫《つらぬ》く原理であり、自然の変化に適応できた種だけが生き残ることを示しました。適応できなければ滅んでしまうのは、自然界に限った話ではありません。

古い時代へのノスタルジーはほどほどに

時代が大きく移り変わろうとするとき、滅びゆくものに愛着を覚えたり、守りたいと思うのは人間誰しも持っている自然な感情です。古い時代に殉じたいと願うのも、ひとつの美学ではあるでしょう。

漱石の『こゝろ』には、「先生」が、明治天皇崩御のあと乃木希典《のぎまれすけ》大将が殉死《じゅんし》したと知ってショックを受け、妻に「もし自分が殉死するならば、明治の精神に殉死するつもりだ」と語る場面が出てきます。

漱石も含め、明治という時代に生きた人たちは、その終焉に際して、多かれ少なかれこうした感傷を抱きました。俳人の中村草田男《なかむらくさたお》は、〈降る雪や明治は遠くなりにけり〉という句を詠んでいますし、永井荷風《ながいかふう》も関東大震災の後に、明治時代まではあった江戸の名残が震災によって遂に東京から消えてしまった悲しみを、「震災」という詩の中で〈われは明治の兒《こ》ならずや〉と表現しています。

昭和35年生まれで、青春時代の大半を昭和という時代に過ごした私のような世代にも、同時代への特別な思いはあります。

しかしあの時代に戻ることは現実には不可能ですし、社会がこれほど大きく変化してしまった以上、たとえ嫌でも適応しないことには、仕事も日常生活も立ち行かなくなってしまいます。

そもそも冷静に考えてみると、昭和が本当にそこまで良い時代だったのかどうか、疑わしくなってくるところもあります。昭和30～40年代の凶悪犯罪が現代よりもずっと多かったのは統計を見ても間違いないことですし、公衆トイレの衛生状態などは現在の方がずっといい。通信販売なども、今ならネットで注文すれば2、3日のうち、場合によっては当日のうちに届けてくれるようになりましたが、昔はかなり待たされるのが普通でした。

昭和には、あの頃にしかなかった良いこともたくさんあったのは事実ですし、そうしたものだけをノスタルジックに思い出しているうちはとてもいい時代に思えるものです。しかしやはり人間は一度利便性や高度なサービスに慣れてしまうと、昔のライフスタイルに戻るのは苦痛です。総合的に考えれば、結局現代の方に軍配を上げるしかありません。

思えば人間社会は、知性や道徳の面で昔よりも退化した例は何度かあったかもしれませんが、便利な時代から不便な時代に逆戻りしたことだけはありません。人間が、一度覚えた便利さ、快適さを捨てられない生き物だからでしょう。

時代の急激な変化がもたらすストレス

ただし時代の急激な変化によって、現代人が多大なストレスを受けているのも一面の真実だと思います。

なぜかというと、高度なサービスが当たり前のものとして提供されている世の中とは、裏を返せば、サービスを提供する人員も常に必要とされている世の中でもあるからです。こうした世の中では、まったく働かなくても生きていける一握りの大金持ち以外は誰もがサービスを提供する側にも回らなければいけません。そして提供するサービスの中身が高度であればあるほど神経をすり減らし、ストレスを抱え込むことになります。

人はストレスを感じると、脳の一部である扁桃体《へんとうたい》が危険を感じ取り、副腎に「コルチゾール」というホルモンを分泌するよう命令します。このホルモンはヒトを闘争や逃避反応に備えさせる働きを持つもので、常に他の動物から命を狙われる原始時代にあっては、サバイバルのために大いに役立つものでした。しかしその反面、過剰に分泌されると脳の海馬を萎縮させ、判断力や記憶力に悪影響を及ぼすとか、アルツハイマー病の原因になるともいわれています。現代人にとっては、極力抑えておくべきホルモンなのです。

江戸時代から明治時代への大転換期に生きた日本人たちも、私たち同様、あるいはそれ以上に時代の急激な変化にストレスを感じ、コルチゾールを分泌させていたはずです。とりわけ武士階級の人々のストレスは、凄まじいものがあったのではないでしょうか。なにしろ彼らの場合、「藩」「主君」など、かつて信奉し、忠誠を誓っていた対象が消滅してしまったうえ、「魂」と教え込まれていた刀さえも捨てなければいけなかったのですから。

「太平洋の架け橋」になることを目指してアメリカに私費留学し、欧米人たちのために『武士道』を著した新渡戸稲造《にとべいなぞう》も、廃刀令《はいとうれい》の後には大きな喪失感を感じていたようです。「刀を腰に差しているのといないのとでは、気の持ち方が全く違う」と語っているほどです。

「痩せ我慢」の精神でゆく

少しばかり前置きが長くなりましたが、このあたりで本章の中心人物である福澤諭吉について の話を始めることにしましょう。福澤は、幕末から明治にかけての開明的日本人の代表であり、近代を代表する偉大な知性の持ち主でした。日本の最高額紙幣である一万円札の顔として、ふさわしい人物だと思います。

福澤は天保5（1835）年、中津藩（現在の大分県中津市）の下級藩士・福澤百助の次男（5人きょうだいの末っ子）として生まれました。

百助は儒教に精通した学者でしたが、藩から与えられた仕事は、主に藩財政をやりくりするための借財でした。儒教には、お金を扱うのを不浄なこととする意識が強くありましたから、算盤を弾いたり、大阪の商人たちに借金返済の期日を延ばしてもらうよう頼む仕事は百助にはとても苦痛だったようです。溜め込んだストレスや疲労も相当のものだったのか、福澤が数え年で3歳だった頃に、脳溢血により45歳の若さで亡くなっています。

父親の死後に家督を継いだ兄も漢学や算術などの学識に優れた人物だったようです。しかし父同様身分の壁に阻まれ、藩内にとどまる限り、出世の途は最初から閉ざされていました。

こうした環境に育った福澤は、個人の才能や可能性を生まれによって摘み取ってしまう門閥主義を、「親の敵」と呼ぶほどに忌《い》み嫌っていました。『福翁自伝《ふくおうじでん》』にはこうあります。

〈父の生涯、四十五年のその間、封建制度に束縛せられて何事も出来ず、空しく不平を呑んで世を去りたるこそ遺憾なれ。また初生児（註＝福澤のこと）の行末を謀《はか》り、これを坊主にしても名を成さしめんとまでに決心したるその心中の苦しさ、その愛情の深き、私は毎度このことを思い出し、封建の門閥《もんばつ》制度を憤《いきどお》ると共に、亡父の心事を察して独り泣くことがあります。私のために門閥制度は親の敵《かたき》で御座《ござ》る〉

ただし福澤の人生を語る上で注意しなければいけないのは、彼には生涯を通じて、武士としての気概を持ち続けた側面もあったということです。

それがよくわかるのが明治34（１９０１）年に発表された『瘦我慢《やせがまん》の説』です。この著作において福澤は、たとえ勝算がなくても死力を尽くす「瘦せ我慢」の精神がいかに尊いものであるかを説き、そしてそのひとつの理想像が（徳川家康の人質時代も極貧生活に耐えて彼を支え続け、最終的に天下統一事業の礎となった）三河武士たちであると賞賛しました。

そしてその理屈で福澤は、旧幕臣でありながら維新後に新政府入りしていた勝海舟と榎本

福澤諭吉の旧居（大分県中津市）

武揚《たけあき》を厳しく批判し、誇りがあるならば政府を辞すべきだと勧告しました。

福澤自身も政府に入るよう再三要請を受けていましたが、あくまで在野の言論人・教育者としての活動にこだわり固辞していました。晩年に至っては「政府と民間に上下関係はない」との信念から、勲章の受け取りさえも拒否しています。

明治になってからも武士としての気概を持ち続けていたからこそ、福澤は他人に対してここまで苛烈な要求をすることができたのだと思います。

苛烈な競争環境をあえて自分たちでつくりだす

福澤は長崎での遊学を経て安政2（1855）年、20歳にして中津藩を脱藩し、大阪に向かいました。蘭方医・緒方洪庵《おがたこうあん》が主催する私塾「適塾《てきじゅく》」で、オランダ語と蘭学を学ぶためでした。

江戸幕府がアメリカと日米和親条約を結び鎖国体制が終わったのはこの前年3月のことであり、オランダ語はこの時点では依然として、日本人が西洋の知識にアクセスできる主たる言語だったのです。

適塾には、福澤以外にも全国から英才たちが集まっていました。尊王攘夷運動の初期の中心人物となった橋本左内《はしもとさない》のほか、のちに日本で初めて近代陸軍を創設することになる大村益《おおむらます》次郎《じろう》、明治政府で外交官として活躍した大鳥圭介《おおとりけいすけ》、漫画家・手塚治虫の曽祖父でもある医師の手塚良仙《てづかりょうせん》などがその代表的な顔ぶれです。

政治の中心地だった江戸や京都ではなく、町人の町である大阪にあった適塾がこれほどの人材を輩出したのは今考えると少し不思議ですが、適塾がこれほどの名門教育機関になりえた理由は、ひとつには苛烈な競争環境を塾生たちが自分たちでつくり上げていたことにありました。

適塾は、完全な実力主義によって運営されていました。席次《せきじ》（座る場所）は、身分はもとより年齢順でも入った年次でもなく、月に2回ほど行われるオランダ語の試験の成績順で決めるというルールが厳格に守られていたのです。

それだけに塾生たちは、限られた辞書を常時奪い合うようにして勉強していたそうです。福澤自身、毎日毎晩本を読んでいるうちに疲れてその場に突っ伏して寝てしまうため、枕や布団などの寝具を使ったことがほとんどなかったといっているほどです。

重要なのは、彼らが猛勉強をしたのは自分たちの立身出世のためではなかった、ということです。当時の時代状況では、各藩の大名屋敷がある江戸ならば洋書を読める人材も必要とされ始めており、仕官につながる可能性も皆無ではなかったものの、いかんせん大阪では、江戸と同じようなルートは望みようがありませんでした。

自負心がモチベーションになる

福澤自身、『福翁自伝』で、次のように語っています。

〈江戸の方では開国の初とはいいながら、幕府を始め諸藩大名の屋敷というものがあって、西洋の新技術を求むることが広く且《か》つ急である。従って、いささかでも洋書を解することの出来る者を雇うとか、あるいは翻訳をさせればその返礼に金を与えるとかいうようなことで、書生輩がおのずから生計の道に近い。極《ごく》都合の宜《い》い者になれば大名に抱えられて昨日までの書生が今日は何百石の侍になったということもまれにはあった。

それに引き替えて、大阪はまるで町人の世界で、何も武家というものはない。従って砲術を遣《や》ろうという者もなければ原書を取り調べようという者もありはせぬ。それゆえ緒方の書生が幾年勉強して何ほどエライ学者になっても、頓《とん》と実際の仕事に縁がない〉――

それならなぜあれほどの苦学をしたのかについて、福澤は、「一寸《ちょい》と説明はない」、つまりわからないと述べています。

〈前途自分の身体は如何《どう》なるであろうかと考えたこともなければ、名を求める気もない。名を求めぬどころか、蘭学《らんがく》書生といえば世間に悪く言われるはかりで、既《すで》に焼けに成っている。ただ昼夜苦しんでむつかしい原書を読んで面白がっているようなもので、実に訳のわからぬ身の有様とは申しながら、一歩を進めて当時の書生の心の底を叩いてみれば、おのずから楽しみがある。これを一言すれば——西洋日進の書を読むことは日本国中の人にも出来ないことだ、自分たちの仲間に限って斯《こ》様《ん》なことが出来る、貧乏をしても難渋をしても、粗衣粗食、一見《み》る影もない貧書生でありながら、智力思想の活発高尚なることは王侯貴人も眼下《がんか》に見下すという気位で、ただむつかしければ面白い、苦中有楽《くちゅううらく》、苦即楽という境遇であったと思われる。たとえばこの薬は何に利くか知らぬけれども、自分たちより外にこんな苦い薬を能《よ》く呑む者はなかろうという見識で、病《やまい》の在るところも問わずに、ただ苦ければもっと呑んでやるというくらいの血気であったに違いはない〉

つまり、これほどの難解な書物を読みこなせる者は、日本のどこを探しても俺たちくらいしかいないはずだ——そんな子どもっぽいといえば子どもっぽいかもしれない、自負心だけがモチベーションになっていた、というのです。

「目的なき」勉強の強み

しかし適塾において塾生たちの学問熱があれほど高まったのは、実はその「目的のなさ」ゆえでもありました。

〈兎《と》に角《かく》に当時緒方の書生は、十中の七、八、目的なしに苦学した者であるが、その目的のなかったのが却《かえ》って仕合《しあわせ》で、江戸の書生よりも能《よ》く勉強が出来たのであろう。ソレカラ考えてみると、今日の書生にしても余り学問を勉強すると同時に始終我身の行く末ばかり考えているようでは、修行は出来なかろうと思う。さればといって、ただ迂闊《うかつ》に本ばかり見ているのは最も宜《よろ》しくない。宜しくないとはいいながら、また始終今もいう通り自分の身の行く末のみ考えて、如何《どう》したらば立身が出来るだろうか、如何したら金が手に這入《はい》るだろうか、立派な家に住むことが出来るだろうか、如何すれば旨い物を食い好い着物を着られるだろうか、というようなことにばかり心引かれて、齷齪《あくせく》勉強するということでは、決して真の勉強は出来ないだろうと思う〉

福澤は後年に至っても、慶應義塾の塾生らに向かって「目的のない勉強こそが尊い」とよく語っていたようです。私はこういうところにも、福澤の「武士としての心意気」のようなものを感じます。

おそらく実際には、福澤らの猛勉強には、彼らがどこまで自覚していたかはともかく、もう一つの理由もあったでしょう。

蘭学を学んでいた彼らは、西洋の文明が東洋よりも圧倒的に先行していることをよくよく知っており、西洋の知識がいずれ日本でも必要になることは確信していました。そう遠くない将来、日本から武士という階級がなくなる可能性も漠然と感じていたかもしれません。

しかしその未来が見えている以上、たとえ自分たちの出世につながらないのだとしても誰かが蘭学を学び、後世に伝える役割を果たさなければいけない。そうした公共心・義侠《ぎきょう》心に突き動かされていた面が少なからずあったと思うのです。

良い意味でのドライさ、カラリとした精神を持つ

このように、武士としての矜持《きょうじ》や心意気もごく堅固に備えていた福澤のことですから、

旧時代には旧時代の良い面があることも、きっとよくわかっていたでしょう。おそらく、心のどこかには懐《なつ》かしむ気持ちもあったはずです。

しかしそれでも福澤は維新後、大多数の士族たちが泣く泣く従った廃刀令も特にこだわりなく受け入れています。

旧時代の良さは良さとして理解しつつもこだわりすぎない――そういう良い意味でのドライさが福澤にはあります。そして私が福澤を好きなのも、実はこの部分に惹かれるからです。『福翁自伝』には、福澤が13～15歳くらいの時分に、近所の神社から御神体を引っ張り出し、どこにでもある石と取り替えてしまったというエピソードがあります。


〈ソレカラ一つも二つも年を取れば、おのずから度胸も好くなったとみえて、年寄りなどの話にする神罰冥罰なんということは大嘘だと独り自ら信じ切って、今度は一つ稲荷様を見てやろうという野心を起して、私の養子になっていた叔父様の家の稲荷の社《やしろ》の中には何が這入《はい》っているか知らぬと明けて見たら、石が這入っているから、その石を打擲《なげう》ってしまって代りの石を拾うて入れて置き、また隣家の下村という屋敷の稲荷様を明けて見れば、神体は何か木の札《ふだ》で、これも取って捨ててしまい平気な顔をしていると、間もなく初午《はつうま》になって幟《のぼり》を立てたり太鼓を叩いたり御神酒《おみき》を上げてワイワイしているから、私は可笑《おか》しい。

「馬鹿め、乃公《おれ》の入れて置いた石に御神酒をあげて拝んでるとは面白い」と、独り嬉しがっていたというような訳で、幼少の時から神様が怖いだの仏様がありがたいだのということは一寸《ちょいと》もない。卜筮呪詛《うらないまじない》一切不信仰で、狐狸《こり》が付くというようなことは初めから馬鹿にして少しも信じない。子供ながらも精神は誠にカラリとしたものでした〉

この「カラリとした精神」は、メンタルの強さにもいい換えられるものであり、じっさい福澤は生涯を通じてメンタルの問題を抱えることがありませんでした。

普通の人が過去の失敗に固執したり合理的とはいい難いノスタルジーに囚われているあいだに、「情ではなく理」を原動力に、どんどん次へと進んでいくのが福澤です。

こうしたドライで合理的な判断を次々に下し、行動できる精神の強靭さは、やはり知性の一形態にほかなりません。

「理性の力」で人生を力強く歩む

人が自らのストレスをコントロールする上で、知性はきわめて重要な働きをします。

先ほど、人間がストレスを感じるとコルチゾールというホルモンが分泌され、脳がダメージを受けるという話をしましたが、コルチゾールの分泌を抑える（＝扁桃体の興奮を冷ます）ためには、人間の脳において知性的な能力を司《つかさど》る部分である前頭前野を活発に働かせなければいけません。

じっさい福澤の人生を見ていると、人は理性・知性の力によって、これほどまでに精神を安定させられるのかと驚嘆させられるところがあります。

福澤は安政6（1859）年、24歳のときに重大な挫折を経験しています。その前年に中津藩の命で江戸に出てきていた彼は、横浜に外国人居留区ができたと聞き見物に行きました。しかし行ってみると、そこで使われているのは英語ばかりで、オランダ語など誰も使っていない現実を目のあたりにするのです。

〈その時の横浜というものは、外国人がチラホラ来ているだけで、掘立小屋《ほったてごや》みたような家が諸方にチョイ〳〵出来て、外国人が其処《そこ》に住まって店を出している。其処へ行ってみたところが、一寸とも言葉が通じない。此方の言うことも分からなければ、彼方《あちら》の言うことも勿論わからない。店の看板も読めなければ、ビンの貼紙もわからぬ。何を見ても私の知っている文字というものはない。英語だか仏語だか一向わからない〉

適塾では塾頭まで務めていましたから、この時の福澤には、オランダ語は完璧に習熟した自信があったはずです。しかしそれが無駄な努力だったと突きつけられては、さすがの福澤も失望せざるを得ませんでした。

〈横浜から帰って、私は足の疲れではない、実に落胆してしまった。これは〳〵どうも仕方ない、今まで数年の間、死物狂いになってオランダの書を読むことを勉強した、その勉強したものが、今は何にもならない、商売人の看板を見ても読むことが出来ない、さりとは誠に詰《つま》らぬことをしたわいと、実に落胆してしまった〉

じじつ適塾で一緒に学んだ仲間の中には、世界の趨勢《すうせい》にオランダが関係ない現実を知った落胆のあまり、これ以後語学の学習をやめてしまった人もいたようです。しかし福澤は違いました。「絶望するだけ時間のムダ」といわんばかりに、横浜から帰った翌日には、英語の勉強をゼロから始める決意を固めているのです。

〈けれども決して落胆していられる場合でない。あすこに行われている言葉、書いてある文字は、英語か仏語に相違ない。ところで今、世界に英語の普通に行われているということはかねて知っている。何でもあれは英語に違いない、今我国は条約を結んで開けかかっている、さすればこの後は英語が必要になるに違いない、洋学者として英語を知らなければ迚《とて》も何にも通ずることが出来ない、この後は英語を読むより外に仕方がないと、横浜から帰った翌日だ、一度は落胆したが同時にまた新たに志を発して、それから以来は一切万事英語と覚悟を極《き》めて……〉

再出発をいとわない

福澤がこの覚悟を決めたのは、結果的に大正解でした。実際に英語を学び始めてみると、英語とオランダ語の間には想像していたほどの差がなく、オランダ語を学んだことは無駄でもなんでもなかったこともわかったのです。

〈始めはまず英文を蘭文《らんぶん》に翻訳することを試み、一字々々字を引いて、ソレを蘭文に書き直せば、ちゃんと蘭文になって、文章の意味を取ることに苦労はない。ただその英文の語音を正しくするのに苦しんだが、これも次第 緒《いとぐち》が開けて来ればそれほどの難渋《なんじゅう》でもなし、詰まるところは最初私共が蘭学を捨てて英学に移ろうとするときに、真実に蘭学を捨ててしまい、数年勉強の結果を空《むなし》くして生涯二度の艱難辛苦《かんなんしんく》と思いしは大間違いの話で、実際を見れば蘭といい英というも等しく横文にして、その文法も略《ほぼ》相同じければ、蘭書読む力はおのずから英書にも適用して、決して無益でない。水を泳ぐと木に登ると全く別のように考えたのは、一時の迷いであったということを発明しました〉

西洋の言語は文法などで共通項が多く、ある言語にいったん習熟すれば他の言語の習熟も比較的容易であるのは現代の語学学習者からすれば常識かもしれませんが、この時代の人たちにはそんなことがわかるはずもありません。

「今までやったことはすべて無駄だった」と誤解し、挫《くじ》けてしまってもまったく無理はない状況で、すぐにゼロからの再出発を決断できた福澤の覚悟の決め方は、やはり驚嘆すべきものだと思います。

「覚悟を決めた」学問は前頭葉を鍛える

受験勉強も含め勉強というものはすべてそうですが、覚悟が定まらないうちに始めても、あまり長続きしないものです。「この勉強をやっても自分の将来にはあまり役に立たないんじゃないか」とか「今の自分には他にもっと大事なことがあるんじゃないか」といった、自分への言い訳があれこれ頭に浮かんできてしまうからです。

しかし「絶対にこの大学に行く」「この資格を必ず取る」など、はっきりした覚悟が固まっていると、勉強に取り組む迫力、注がれる熱量は確実に変わります。

現代の若者は気持ちが優しい反面、心が折れやすい人が多い、とよくいわれます。私自身も大学で数多くの若者たちと接している経験上、些細なことで挫折感をおぼえ、なかなか立ち直れない学生が年々増えている実感があります。

そして私はこのことは、学問にガムシャラに取り組むタイプの若者の減少傾向と相関関係にある、とも思っています。最近の大学生は昔と比べれば驚くほど真面目で、授業の出席率などは総じて高いのですが、その反面、学問がとにかく好きで他のことなど目に入らない、というタイプは少なくなりました。

しかし、覚悟を決めて本気で勉強した経験の有無は、その人の知性のあり方を大きく左右しますし、メンタルのあり方にも大きく影響します。

福澤がオランダ語や英語に対し、「何が何でもやり遂げる」という不退転《ふたいてん》の決意をもって格闘した学び方、そうした学び方をすることで初めて鍛えられる「前頭葉《ぜんとうよう》の力」のようなものは確実に存在するからです。

「前頭葉の力」は、いい換えるなら「ものごとを整理する力」でもあります。

福澤の時代には外国語の辞書や文法書は数自体少なく、あったとしても今のもののように内容がしっかりしているわけではありませんでしたから、外国語の文章を読もうとするならまずはテキストそのものに没入し、自分の前頭前野をフル稼働しながら読み解く作業が必要でした。

こういう読み方では、最初に読んでみた段階では何が書いてあるのか皆目《かいもく》わかりません。しかしこれを書いた外国人は、絶対に何か意味のあることをいいたかったはずであり、書いたはずだ。そう信じて、わずかに分かる単語や限られた情報を手がかりに何度も何度も読み返しているうちに、不意に「あ！　意味が通った！」という瞬間が訪れる――。そのプロセスの繰り返しなのです。

こうした、外国語を読むという体験を通じて自らの「頭の持久力」を鍛え上げた福澤は、後年慶應義塾を創設するにあたっても、この塾は様々な学問を教えるところではあるが、しかし基本的には洋書を読むための場所である、といい切っています。そして読書の方法論を次のように語ります。

〈義塾読書の順序は大略《たいりやく》左の如《ごと》し。

「慶大・演説館」(佐野隆夫作)

社中に入り、先《ま》ず西洋のいろはを覚え、理学初歩か、または文法書を読む。この間、三ヶ月を費す。

三ヶ月終りて、地理書または窮理《きゅうり》書一冊を読む。この間、六ヶ月を費す。

六ヶ月終りて、歴史一冊を読む。この間、また、六ヶ月を費す。

右いずれも素読《そどく》の教《おしえ》を受く。これにてたいてい洋書を読む味も分《わか》り、字引を用い先進の人へ不審を聞けば、めいめい思《おもいおもい》々の書をも試みに読むべく、むつかしき書の講義を聞きても、ずいぶんその意味を解《げ》すべし。まずこれを独学の手始《てはじめ》とす。かつまた会読《かいどく》は入社後三、四ヶ月にて始む。これにて大いに読書の力を増すべし。

右の如く三ヶ月と六ヶ月と、また六ヶ月にて一年三月なり。決してこの間に成学《せいがく》するというにはあらず。もちろん人々《にんにん》の才・不才もあれども、おおよそこれまで中等の人物を経験したるところを記せしものなり。独見《どくけん》もでき、翻訳もでき、教授もでき、次第に学問の上達するにしたがい、次第に学問は六《む》ッかしくなるものにて、真に成学したる者とては、慶応義塾中一人もなし。恐らくば、日本国中にも洋学すでに成れりという人物はあるまじく、ただ深浅《しんせん》の別《べつ》あるのみ〉（明治2年の『慶應義塾新議』より）

芯が不動だからこそ変わることに躊躇しない

このような鍛え込まれた前頭葉をベースとする知性が、時代の変化を頑《かたく》なに拒《こば》む、閉じたタイプとして一生を終えることは、私は基本的にないことだと思っています。

福澤がオランダ語から英語への転向を決断できたように、こうした人はどれほどの荒波に直面しようと処し方を自分で判断・決断できるでしょうし、それ以前に未来に起こることを予測・分析し、潮目の変化を感じれば軽やかに自らの立ち位置を変えていくことだってできるはずです。

最近の若い人には馴染みがないようですが、新美南吉《にいみなんきち》の『おじいさんのランプ』は、私の世代では知らない人がいないくらい有名な童話です。

この童話の主人公であるおじいさんは、まだ少年だった明治の終わり頃に初めてランプを見てその明るさに感動し、自分でもランプを売る商売を始めて成功したという人です。

ところが電気の時代が到来するとおじいさんの売り物であるランプなど、もはや誰も欲しがりません。おじいさんは、村に電灯を導入すると決めた区長らを逆恨みし、彼らの家に火をつけようとするのですが、土壇場になって自分の非を悟ります。

そしておじいさんは、池の周りに売り物のランプすべてを並べて火を灯《とも》します。美しく輝くランプに、おじいさんは泣きながら石を投げて割っていきます。年月が経ち、孫に向かって、「……それでも世の中が進歩して自分の商売が役に立たなくなったらすっぱりそいつを捨てて、昔にすがりついたり時代を恨んだりしてはいけないんだ」と語りかける……そういう話です。

このおじいさんも、自分を成功させてくれたランプに深い愛着を持っていましたが、最終的には時代の変化は変化として受け入れたのでしょう。自ら石で割ったのは、彼にとってその覚悟を固めるための通過儀礼であったと考えられます。

人間、こだわりはあって当然です。しかし一見逆説的なようですが、自分自身の中に不動の軸さえもっていれば、むしろ個々の事象へのこだわりは捨てて、軽快に乗り越えていけるはずです。

近世から近代への境を軽々と飛び越えていった福澤も、国への思い――日本という国家とその国民がどうすれば独立できるのかというテーマは、常に変わることなく持ち続けていました。それが変わらなかったからこそ、それ以外の部分は比較的あっさりと変えられたのです。

情が厚くても理は働かせられる

そもそも人の心というものは移ろいがちなようで、案外一つの所に固着しがちなものです。一度ある状態に慣れてしまったり、ある何かに好意を抱いてしまうと、他のものを受け容れるのは脳の方でストレスとして認識してしまいます。

恋愛でも、好きな相手がまるで振り向いてくれなかったり、明確に拒否の意思を示しているにもかかわらず思いを断ち切れない……というのはありがちなシチュエーションでしょう。しかし、こうした状況で相手からの拒絶を受け入れられないなら、それはその人が自分の理性を封じ込めてしまっているか、そうでなければ最初から理性を働かせる習慣を持たないからです。

理性のある人は、拒否されている状況を客観的に判断できますから、現状では可能性がないことを理解し、その時点で自分自身の感情を抑制できます。

こうした判断ができるということは、必ずしもその人の「情が薄い」ことを意味しません。福澤もそうでしたが、人一倍の人情家であっても、前頭葉を働かせることを技術として体得していれば、自分の中のどうにもならなそうな感情をコントロールし、理を感情に先行させせることは可能なのです。

怨望《えんぼう》の害を排す

私たちの日常において、「情」が「理」を押し殺してしまいがちな局面は恋愛以外にもいくらでもあります。日本中の無数の職場や学校で、あるいはインターネット上で毎日行われている、感情的で非生産的な議論（という名目の口論）はその最もわかりやすい例かもしれません。

しかしいずれにしても、人が不自然で合理性を欠く言動をするときは大抵その背後に、その人の抱える「嫉妬《しっと》」もしくは「保身《ほしん》」の感情がうごめいているものです。

嫉妬の感情は人間が陥りがちな穴ではありますが、その実、自分の身を滅ぼしかねない恐ろしいものでもあります。

ニーチェは『ツァラトゥストラはこう語った』で、自分の分身たるツァラトゥストラに「嫉妬の炎にとりまかれた者は、サソリのように、しまいには、毒のあるとげを自分自身に向けて刺す」（秋山英雄・高橋健二訳）といわせました。

過剰な保身や嫉妬、対抗心に駆られるのを事前に防ぐのも、理の力であり、知性の力です。

福澤の『学問のすすめ』も、第13編が「怨望《えんぼう》の人間に害あるを論ず」という題の章になっており、ここで彼は、「凡《およ》そ人間に不徳の箇条多しと雖《いえ》ども、その交際に害あるものは怨望より大なるはなし（＝人間は様々な悪徳を持っている存在だが、その中で最も有害なのは、人の成功を羨《うらや》む気持ちである）」といっています。

なお誤解のないように断っておきますが、福澤のこの発言には、人は生まれに関係なく平等であるし、そうでなくてはならないという認識が前提としてあります。

よく「機会の平等」と「結果の平等」は違うものだといわれますが、現代のように格差が拡大している社会にあっては機会の平等が保障されているかどうかは怪しい面もあるでしょう。こうした「機会の不平等」を是正していくことが、福澤のいう怨望であるとは思えません。

しかし「機会の平等」が理想的な形で実現した社会であろうと、個々人に能力の差がある以上、「結果の不平等」が残るのは仕方のないことです。

福澤が禁じているのは、自分が持っていない他人の能力を羨むこと、また他人がその能力の結果として成功するのを羨むことなのです。

福澤諭吉とデカルトの共通点

「他人の能力を羨まない」とは、裏を返せば、自分の能力や自分にできることが何であるかを常に問う、ということでもあるでしょう。そしてこの考え方は、ある意味でとてもデカルト的です。

デカルトが『方法序説《ほうほうじょせつ》』において辿り着いた真理「我思う、ゆえに我あり」とは、あらゆるものはその存在を疑うことが可能だが、あらゆるものを疑っている、私という存在がいるということだけは疑い得ない。したがって私は存在する――ということでした。

これは、ものごとの判断を下すにあたって、判断の基準を他人に依存することなく、すべてを自分自身で整理し、順序立てる、という姿勢にもつながります。実際にデカルトは『方法序説』において、あらゆることを自分自身で徹底的に判断する思考方法を生涯続けたことで、不安と後悔から脱却できたとも語っています。

デカルトの著作は、その論の内容以上に私たちの頭の働き方に影響を与えるところがあります。理性の力を、人生を切り拓いていくための実践的な武器として駆使したという点で、デカルトと福澤は大いに重なるところがあるのです。

そのため私は、自分が大学で受け持っている学生たちには、一年生のうちに『学問のすすめ』と『方法序説』を必読書として読ませるようにしています。

若い学生たちにデカルトを読ませるとやはり最初はみな苦戦していますが、読み進めるうちに頭を整理すること、ものごとを順序立てて考えることの意味と大切さに気づかされ、相当に刺激を受けているようです。

知の力でメンタルの悩みから解放される

福澤の66年の人生を見ていると、若い頃はもちろん、晩年に至っても朝鮮の独立運動に関わるなど非常にハードな生活を送っています。しかしどの時代を見ても、福澤本人の言動からは苦しんでいる雰囲気がほとんど感じられません。次々とやってくる苦難を飄々《ひょうひょう》と乗り越え、かといって他人との情誼《じょうぎ》を軽視しない福澤の人間性はなんとも魅力的です。

私は、知性の力を身に付けた人間は、最終的にメンタルの問題からは解放されると考えています。福澤に代表されるこのタイプの人の場合、どれほど難しい状況にあっても自分自身のメンタルを介在させることなく、知力でもって対処できてしまうからです。

人間関係の悩みが絶えない人、あるいは何度転職してもうまくいかないなど挫折しがちな人に案外多いのが、身の回りで起きたことをすぐに自分のメンタルに引きうつしてしまう、というパターンではないでしょうか。

「あのとき、課長があいっていたのは、僕を低く評価しているからじゃないか」

「あの子は私が嫌いだから、あんなことをいったんだ」――

こんな風に、他人の言動を一つひとつ自分への評価と結びつけ、会社や学校から帰ってきても思い煩《わずら》っていれば、どうしたって心が傷んできてしまいます。

その点、福澤は、幼少期に自分に課したモットーが「喜怒色《きどいろ》に顕《あらわ》さず」でした。他人からけなされようと、逆に褒められようと気にしないというルールを幼少期のうちに自分に課し、それが自然な状態になるよう意識的に生活していた、というのです。

他人から何をいわれようと意に介さない感覚を体得してしまえば、心が傷つくことは確かにありません。

〈あるとき私が何か漢書を読む中に、喜怒色に顕さずという一句を読んで、その時にハッと思うて大いに自分で安心決定したことがある。「これはドウモ金言《きんげん》だ」と思い、始終忘れぬようにして独りこの教えを守り、ソコデ誰が何と言って誉《ほ》めてくれても、ただ表面に程よく受けて心の中には決して悦ばぬ。また何と軽蔑されても決して怒らない。どんなことがあっても怒ったことはない。いわんや朋輩《ほうばい》同士で喧嘩《けんか》をしたということは、ただの一度もない。ツイゾ人と摑《つか》み合ったの、打ったの、打たれたのということは一寸《ちょい》ともない。これは少年の時ばかりでない。少年の時分から老年の今日に至るまで、私の手は怒りに乗じて人の身体に触れたことはない〉

相手を打ち負かすことで一時の優越感に浸《ひた》るような、感情に任せた非生産的な議論とも無縁でした。

〈その癖《くせ》私は少年の時から能《よ》く饒舌《しゃべ》り、人並みよりか口数の多いほどに饒舌って、そうして何でもすることは甲斐々々《かいがい》しくやって、決して人に負けないけれども、書生流儀の議論ということをしない。仮令《たと》い議論すればといっても、ほんとうに顔を赧《あか》らめて如何《どう》あっても勝たなければならぬという議論をしたことはない。何か議論を始めて、ひどく相手の者が躍起となって来れば、此方はスラリと流してしまう。「彼の馬鹿が何を馬鹿言っているのだ」とこう思って、頓と深く立ち入るということは決してやらなかった。ソレでモウ自分の一身は何処《どこ》に行って如何《どん》な辛苦も厭《いと》わぬ、ただこの中津に居ないで如何《どう》かして出て行きたいものだと、独りそればかり祈っていた……」〉

福澤にこれができた理由は、一つには、他人から受ける毀誉褒貶《きよほうへん》より「ずっと大事なこと」を彼が持ち続けていたのが大きいでしょう。

日常の人間関係よりも大事な「何か」を見つけ出し、一つの巨大な船の舵《かじ》取りを任されているくらいの気分でいることは、その人の心を信じられないほどに強くするものなのです。

知性の力によって自らの心の動揺を抑えたこの方法論は、私たちが福澤から学べることのなかでも、特に重要なことの一つでしょう。

「まず獣身を成して後に人心を養う」教育論

『福翁自伝』には福澤の教育論も見受けられますが、彼の幼児教育の鉄則は、「まず獣身《じゅうしん》を成して後に人心を養う」です。

〈さてまた子供の教育法についていては、私はもっぱら身体のほうを大事にして、幼少の時から、しいて読書などさせない。

まず獣身をなして（丈夫な体を育てて）のちに人心を養うというのが私の主義であるから、

生まれて三歳五歳までは、いろはの字も見せず、七、八歳にもなれば手習いをさせたりさせなかったり、まだ読書はさせない。

それまではただ暴れしだいに暴れさせて、ただ衣食にはよく気をつけてやり、また子供ながらも卑劣な事をしたり、いやしい言葉を真似たりすれば、これをとがめるのみ。

そのほかは一切投げやりにして、自由自在にしておくその有様は犬猫の子を育てると変わることはない。

すなわちこれがまず獣身をなすの法にして、幸いに犬猫のように成長して無事無病、八、九歳から十歳にもなれば、そこで初めて教育の門に入れて、本当に毎日時を定めて修業をさせる。

なおその時にも身体のことはけっしてなおざりにしない。

世間の父母はややもすると、勉強勉強といって、子供が静かにして読書すれば、これをほめる者が多いが、私方の子供は読書勉強して、ついぞほめられた事はないのみか、私は反対にこれを止めている〉

これは幼児教育論として書かれたものですが、福澤は基本的に大人に対しても同じこと、すなわち「まず、体が大事」であるということを繰り返しいっています。37歳のときに大病

をしていることもあり、「身体あっての人間」という感覚を実感として持っていたのでしょう。

そのため福澤はごく老年になってからもよく散歩を、それも相当の距離の散歩をしていました。毎日何があっても、三田とか渋谷の辺りを、道行く人と雑談しながら歩き回っていたのです。さらに、居合《いあい》の修行も重ね、実際に人を斬ったことはありませんでしたが達人レベルの腕前でした。

〈今でも宵は早く寝て朝早く起き、食事前に一里半ばかり……少年生徒と共に散歩し、午後になれば居合いを抜いたり、米をついたり、一時間を費やして晩の食事も、チャンと規則のようにして、雨が降っても雪が降っても年中一日も欠かしたことはない〉

知性は物事を整理し、心の恐れをも減らす

福澤が憧《あこが》れ、実践し、日本に根付かせようとした「セルフヘルプ」(自助)の精神は、その源流を探っていくと、アメリカ合衆国建国の父のひとりであるベンジャミン・フランクリンにたどり着きます。

そのフランクリンも自伝（『フランクリン自伝』）の中で、福澤と同じように、自分自身を管理する力の重要性について繰り返し述べています。

中でも有名なのが、「フランクリンの13徳」として知られる自己管理法です。フランクリンは人間の美質を「節制」「沈黙」「規律」「決断」など13項目に分類・整理し、その上で毎週一つの徳を選んで意識した生活をし、1週間ごとにローテーションするという生活を実践していました。

こうした具体的な方法論を用いて、合理的な精神で自己管理をし、心身を整えることは自分を縛るどころか、自由にすることなのだという考えです。

フランクリンや福澤の共通点は、良い意味でのドライさを持ち、セルフヘルプの精神を重視した上で実践・奨励し、それを社会の改善のために役立てた、ということです。

そんな彼らの人生から教えられるのは、知性が物事を整理してくれるものであり、それゆえに心の恐れをも減らすことができる、ということです。

第3章

肚《はら》、身体に宿る知性

知性はヘソの下から湧き上がる

人間の身体において、知性を司る器官はどこ？――そう訊かれれば、１００人中98、99人までの人は「え？　脳でしょ？　なんでそんな当たり前のことを訊くの？」と思うのではないでしょうか。

しかし昔の日本人は頭脳、つまり前頭葉の前頭前野から発せられるのとはまた別種の知性が、「肝《きも》」や「肚《はら》」から湧き上がってくると考えていました。現代でも行動力のある人や、危機に際して怯《ひる》まない人のことを、「あの人は胆力がある」「肝の太い人だ」「肚ができている」などということがあります。この「肝」は臍《へそ》の下にある「臍下丹田《せいかたんでん》」のことを指します。この臍下丹田に気力が充実していることによって、人はいかなる状況にあっても思考をかき乱されることなく、的確な行動ができる、と考えられていたのです。

突発的な事件やトラブルに遭遇してあたふたしている状態のことを、よく「上気する」「頭に来る」などと表現することからもわかるように、昔の人は、そういった場合に人間の「気」は放っておけば身体の上の方へと突き上げられてくる、という身体感覚をリアルなものとして知覚していました。

しかしその「気」は、意識的に深く、ゆるい呼吸をすることによって身体の下の方へと降ろし、臍下丹田（肚）にとどめておくことができます。これを日常的な鍛錬によって特に意識せずとも常時できる人、どんな場合でも感情の高ぶりや澱《よど》みをいったん肚に納めたうえで対処できる人は、「胆力がある人」、人格が練られた「器の大きい人」として一目《いちもく》置かれました。

現代の日本人で臍下丹田という言葉を知っている人は、せいぜい2割程度かもしれません。しかしこれは、少なくとも戦前は日本人なら誰もが知っている言葉であり、明治時代の頃までは、人物の評価も胆力の有無によって決められていた面が多分にあったのです。

ストレス社会を「死の覚悟」で乗り切る？

第2章でも述べたように、現代社会は細かなストレスがとにかく多い社会であり、次から次へと発生するストレス要因に、その都度感情で反応していては心も身体ももちません。

しかしこうしたストレスも、「まずはいったん肚に納める」ということができるようになれば、大抵はそれほど苦しいものではなくなります。「何も殺されるわけじゃなし」くらいの心境で、やり過ごせるようになるのです。

ただし「胆力」なる力はその本質について考え始めると、最終的にどうしても「死の覚悟」に行き着きます。

『葉隠《はがくれ》』という書物があります。江戸時代の中期の1716年頃、肥前国佐賀鍋島藩の藩士・山本常朝《じょうちょう》が口述した、武士としての心得をまとめたものです。

この書物に、「武士道と云《い》ふは死ぬ事と見つけたり」という一節があることは有名ですが、山本常朝はこの言葉で死を闇雲《やみくも》に美化し、武士たちに死を奨励しようとしたわけではありません。この言葉には、実は次のような続きがあるのです。

〈二つ二つの場にて、早く死方に片付《かたづく》ばかり也《なり》。別に子細なし。胸すわって進む也、［中略］毎朝毎夕、改めては死々《しにしに》、常住死身《しにみ》に成《なり》て居る時は、武道に自由を得、一生落度なく家職を仕課《しおお》すべき也〉

（口語訳＝生きるか死ぬか、二つのうち一つを選ばなければならない局面では、迷うことなく死ぬほうに進むがいい。別に難しいことではない。腹をすえて進むだけのことだ。［中略］毎朝、毎夕ごとに死ぬ覚悟をし、常に死んだ意識でいれば、武士道の自在の境地に達することができ、一生失敗することがなく、職務を遂行することができるのである）

人間は自分の生に固執すると逆に多くの悩み、苦しみを抱え込んでしまう。しかし常住《じょうじゅう》坐臥《ざが》、「いつ死んでもかまわない」という覚悟をもって日常を生きれば、そうした苦しみから解放され、結果的にむしろ充実した生を送ることができる——常朝がいおうとしたのは、つまりはそういうことです。

『葉隠』が書かれた時代の武士たちは、勤めにおいて不始末をし、主君に恥でもかかせれば問答無用で切腹しなければいけませんでした。そうした、生と紙一重《ひとえ》のところに死が存在する彼らの生活において、「死の覚悟」を常に意識のどこかに置いて生きることは、実際に必要なことでした。

日本に逆輸入される「マインドフルネス」は本来日本にあった手法

「自分は死ぬのだ」と覚悟を決めることにより、人生に起こる何ものをも恐れる必要がなくなる。一見、逆説的なようですが、そういう例は現実にあります。

歴史上数多《あまた》ある中でも最も有名なのは、『平家物語』でも描かれた那須与一《なすのよいち》の逸話でしょう。与一は弓の名手であり、屋島の戦いにおいては、船上の扇の的を射てみろと平家方から挑発された源義経によって、射手に指名されました。

遠く離れた洋上の、しかも波に揺れ不安定な的を狙って射落とすなど、おそらく現代のアーチェリー種目金メダリストでも困難でしょう。しかしその無理難題を、与一は主命であるとして受け、見事に成功させせます。

そのときに与一が神仏に祈りながらつぶやいたのが、「南無八幡大菩薩《なむはちまんだいぼさつ》、我が国の神明《しんめい》、日光の権現、宇都宮、那須の湯泉《ゆぜん》大明神、願はくは、あの扇の真ん中射させてたばせたまへ。これを射損《いそん》ずるものならば、弓切り折り自害して、人に二度面《ふたたびおもて》を向かふべからず。いま一度本国へむかへんと思し召さば、この矢外させ給《たも》うな」という言葉でした。このように「死の覚悟」を決めることで胆力を練り上げ、いざというときの重大時に備えるという武士の精神文化は、平安時代末期にはすでに存在していたようです。

興味深いことに『葉隠』に出てくる高僧などは、「仏教の本来的な目的は『死の恐怖』を乗り越えることにあるが、それに対して武士道は『死を恐れない』ことから出発するものなので最初から死の恐怖を克服してしまっている。武士の美学に比べれば仏教は少々頼りないものであるので、若いうちから仏教にのめりこむのはあまり好ましくない」――という趣旨のことをいっています。

私は、人生とメンタルをコントロールするための技法として長年様々な呼吸法を研究してきましたが、最も効果的だったのは、江戸時代中期の禅僧である白隠《はくいん》禅師が伝えた丹田呼吸法でした。

この呼吸法では、ゆるく、長く息を吐くことで、フワフワ、ソワソワした感覚を下のほうへと沈めていきます。すると臍下丹田に気がみなぎり、冷静になれるのです。頭が冴え、集中力が持続する効果もあります。

戦前までの日本では、落ち着きを欠く子どもに対して、父親が「肚《はら》、肚」と叱《しか》ることは普通にあったとも伝えられ、こうした呼吸法は常識に近いものとして共有されていたものと思われます。ところが最近は、これとまったく同じ瞑想的な技法が欧米で「マインドフルネス」という呼び名で流行し、日本に逆輸入されつつあります。

日本人が以前は普通にやっていたものを逆輸入しなければいけなくなってしまっているというのは何とも皮肉なことであり、日本人の身体知の文化はここまで衰退してしまったのか、と情けなくなってしまうところさえあります。

ドイツ人哲学者に日本の「肚」文化はどう映ったか

１９３８年から47年まで日本に滞在したドイツ人哲学者・心理学者のカールフリート・デュルクハイムは、その当時までは残っていた、日本の肚文化の良き観察者でした。彼はその著書『肚《はら》　人間の重心』において、日本人が肚のない人に対して下していた一般的な評価を、次のように列挙しています。

〈肚のない人とは落ち着いた判断のできない人のことである〉
〈肚のない人はすぐ驚き、そして神経質である〉
〈肚のない人は単線で堅くて、頭にしろ心にしろ固まっていて、支えがない。突然深刻な場面に遭遇すると、頑固に自分を守るか、まるで目標のない行動を取る〉――

そしてそれとは対照的に、肚のある人は、「心の中の弾力性があるので、その時々の状況に落ち着いて自分を整えて振る舞える、与えられた状況下で何を為すべきか知っている人のことである」とし、こうした「肚のできている人」の典型が、明治維新の英雄・西郷隆盛であったと書いています。

〈……肚の大きな人との関連で日本人は、清濁併せ呑《せいだくあわ》む、とも言う。「清いものも濁っているものも一緒に呑み込んでしまう」という意味であるが、「引き受ける」、いやそれ以上に「すべてを歓迎する」や「すべてにふさわしい場所を与える」ことも入る。典型的な例とし

ていつも西郷隆盛の名が上がる。彼は、決して他人の悪口を言わなかったことで有名である。彼はまだ取るに足らない人に「自分の地位」を与えることも、その人から学ぶこともできた。それゆえに彼は、厭《いや》なことがやってくると、それを耐えるだけでなく、歓迎することさえできたといわれる。彼はすべてのことから、何かを獲得した。こうした態度の中に日本的なものが見えるのである〉

自分の利害にこだわらないことから生まれる胆力

たしかに西郷隆盛は、戦前までの日本には根強くあった薩摩・長州・会津といった藩閥《はんばつ》意識を超えて、日本人全般から「誰よりも肚の大きい男」と評価され、理想像とされてきた人物でした。

西郷の偉大な功績の一つに、戊辰《ぼしん》戦争において、江戸の町を戦火で焼くことなく徳川家を降伏させた「江戸城無血開城」があります。

この交渉における幕府側の責任者だった勝海舟の回顧録『氷川清話《ひかわせいわ》』には、勝による西郷評がたびたび登場します。なかでも面白いのは、勝が若い頃の人見寧《ひとみやすし》（のちの人見勝太郎。幕臣として箱館戦争に参戦し、維新後は茨城県令、利根運河社長などを歴任）から、西郷に会うための紹介状を書いてほしいと頼まれたときの逸話でしょう。

このとき人見が勝に紹介状を書いてもらいたがったのは、西郷を幕府の敵として暗殺したいがためでした。ところが勝は人見の真意を見抜きつつも、いわれたとおりに紹介状を書いて渡してしまいます。

翌日、人見は西郷の屋敷を訪ねますが、驚いたのは西郷の側近である桐野利秋《きりのとしあき》でした。人見のただならぬ様子を怪しみ、そっと紹介状を開けてみると、そこには『この男は足下《そっか》（あなた）を刺す筈《はず》だが、ともかくも会ってやってくれ』という勝からの伝言が書かれていたからです。

しかし桐野が西郷にそれを伝えても、西郷はまったく意に介することなく人見と面会したばかりか、次のような話までしたそうです。

〈「私が吉之助《きちのすけ》だが、私は天下の大勢なんどいふようなむつかしいことは知らない。まあお聞きなさい。先日私は大隅の方へ旅行したその途中で、腹がへってたまらぬから十六文で芋を買って喰ったが、多寡《たか》が十六文で腹を養うような吉之助に、天下の形勢などいふものが、分る筈《はず》がないではないか」といって大口を開けて笑った〉——

「殺す」という覚悟で訪ねてきた相手にこんなあけっぴろげな態度で応じる西郷の胆力に圧倒されたのでしょう。けっきょく人見は西郷を刺すことができず屋敷を辞し、「西郷さんは、実に豪傑だ」と感服した様子で勝に語った、という話です。

もっともこの逸話の場合、西郷の器量ならば当然このような展開になるはず、と見越して紹介状を書いている勝もとんでもないのですが、その彼は西郷のことを、「西郷におよぶことのできないのは、その大胆識《だいたんしき》と大誠意とにある」とも評しています。

「大誠意」はともかく「大胆識」は今では使われない言葉ですが、胆《きも》で識《し》るとは、まさに西郷が「肚から湧き出る知性」を備えていた、ということでしょう。

この時代の武士たちには、口先から出た言葉は信じるに足らず、肚から出た言葉だけを重視するという考え方がありました。そして西郷こそそうした、「肚からの言葉」だけを口にする人物であったと勝は評価しているのです。

江戸城明け渡し交渉においても、西郷は勝の言葉を全面的に信じ、たった一人で江戸城に乗り込んでいます。それを見て勝は、「おれだってことに処して、多少の権謀は用いないこともないが」と思いつつも、その至誠を受け止めるほかありませんでした。

〈さて、いよいよ談判になると、西郷は、おれのいふ事を一々信用してくれ、その間一点の疑念も挟まなかった。「いろいろむつかしい議論もありませうが、私が一身にかけて御引受けします」――西郷のこの一言で、江戸百万の生霊も、その生命と財産とを保つことが出来、また徳川氏もその滅亡を免《まぬか》れたのだ。もしこれが他人であったら、いや貴様のいふ事は、自家撞着《じかどうちゃく》だとか、言行不一致《げんこうふいっち》だとか、沢山の兇徒があの通り処々に屯集《とんしゅう》して居るのに、恭順《きょうじゅん》の実《まこと》はどこにあるのかとか、いろいろ喧《やかま》しく責め立てるに違いない。万一さうなると、談判はたちまち破裂だ。しかし西郷はそんな野暮はしない。その大局を達観して、しかも果断に富んで居たには、おれも感心した〉

勝を筆頭に幕末の大物たちの誰もが一目置き、心底敬服した西郷の胆力の正体とは何でしょうか？　私はこれは結局のところ、彼が自分の利害にこだわらなかった、ということに尽きるのではないかと思っています。

自分に克つことで成功し、自分を愛することで失敗する

『西郷南洲翁遺訓《さいごうなんしゅうおういくん》』は、西郷が生前語っていた言葉を、西郷を慕《した》った庄内藩の元藩士たちが拾い集めたものであり、寡黙で知られた西郷の思想を現代に伝える貴重な文献です。これ

を読むと、西郷が「自分を愛する」ことをどれほどタブー視し、自らに堅く禁じていたことがよくわかります。

〈道は天地自然の道なるゆえ、講学の道は敬天愛人《けいてんあいじん》を目的とし、身を修するに克己《こっき》を以《も》って終始せよ。己《おのれ》に克つの極功は、「毋意、毋必、毋固、毋我（いなく、ひつなく、こなく、がなく）」。総じて人は、己れに克つを以て成り、自ら愛するを以て敗るぞ〉

（口語訳＝道というものは天地すなわち自然が用意するものであるので、学問をする目的は自然を敬い、他人を愛することに置き、精神修養をするにあたっては、最初から最後まで自分自身に打ち克たなければいけない。総じて人間というものは、自分に克つことで成功し、自分を愛することで失敗するものだ）

〈己を愛するは善からぬことの第一なり。修行の出来ぬも、事の成らぬも、過《あやまち》を改むることの出来ぬも、功にほこり驕慢《きょうまん》の生ずるも、みな自ら愛するがためなれば、決して己れを愛せぬものなり〉

この西郷の言葉には、内心ドキッとした人も多いのではないでしょうか。現代のビジネスパーソンや事業家でも、最初は無心で事業に邁進《まいしん》していたのに、成功をおおよそ勝ち取ったところで初心を忘れる人や、自らが築き上げた地位に恋恋としてしがみついてしまう人はかなり多いように思います。

とりわけ後者に関しては、日本の企業では長く社長を務めた人が退任後も会長として残り、実権を掌握する、ということが実際に頻繁にあります。しかし一般的に見て一人の経営者があまりに長くトップに居座ることはメリットよりもデメリットのほうが大きいでしょうし、場合によっては、会長が昔始めた事業が時代に合わなくなったのに、会長のメンツを潰せないがために撤退が遅れ、結果的にダラダラと赤字を垂れ流し続ける、などという事態も起こりえます。

こうなってしまうと、もはや会社のために役員が存在するのではなく、役員のために会社が存在するようなもので本末転倒です。

西郷の遺訓には、ほかにも「命もいらず、名もいらず、官位も金もいらぬ人は、仕末に困るもの也。此の始末に困る人ならでは、艱難《かんなん》を共にして、国家の大業は成し得られぬなり」というものがあります。こういう人がなぜ「始末に困る」かといえば、第三者がコントロールする術がないからです。明治維新のような革命の指導者はこういう人物でなければ勤まらなかったでしょう。

西郷が凄いのは、自分自身だけでなく、自分の家族や子孫に対してさえも一貫してこの姿勢を取り続けたことです。

西郷が明治になってからつくった有名な漢詩に、「不為児孫買美田（児孫《じそん》の為《ため》に美田《びでん》を買わず）」というものがありますが、西郷はこれを有言実行し、身内に財産を残すことはありませんでした。

西郷は最終的に、自分がつくった明治政府を相手に西南戦争を起こし、明治10年にその首謀者として敗死していますが、この戦争すらもその本質的な目的は、新時代において行き場を失った士族（かつての武士階級）の無念をまるごとひきうけるためだった、というのが定説になっています。

自らの死に時、死に場所まですべて他人にくれてやる、というのが西郷の生き方であり、彼の人生には、最後まで「私」が入り込む余地はなかったのです。

胆力はどうやって培われるか

ただ西郷は、こうした胆力を生まれつき備えていたのでもなければ、ある年齢に達したときに、気がついたら備えていたというわけでもありません。

薩摩藩の下級藩士の長男として生まれた西郷に最初に世に出るきっかけを与えてくれたの

は、幕末屈指の名君と呼ばれた島津斉彬《なりあきら》でした。

幼少期から蘭学に強い関心を持ち、黒船来航以前から洋式造船や反射炉《はんしゃろ》・溶鉱炉《ようこうろ》の建設に着手するなど藩の近代化を推進していた斉彬は身分に関係なく人材を探し求め、西郷はこのお陰で斉彬の庭方役《にわかたやく》に抜擢《ばってき》されたのです。

庭方役というのは、現代的にいえば藩主の私設秘書のようなものであり、斉彬に親しく接し、直接その薫陶《くんとう》を受けることもできる立場でした。

この役目を通じて西郷は斉彬から最新の西洋事情を学ぶとともに、藤田東湖《ふじたとうこ》（水戸藩主・徳川斉昭の側近）や橋本左内（福沢諭吉と同じく大阪の適塾で学んだ蘭方医）、勝海舟など当時を代表する知識人たちとの知遇も得たのです。

斉彬もまた西郷を積極的に用いることにより、黒船来航以来の難局を乗り切ろうと、幕府や御三家、京都の公家らへの積極的な働きかけを行いました。

主君・斉彬との水魚の交わりを通じて薩摩藩の若手藩士たちのリーダー格として台頭した西郷でしたが、その運命は安政5年（1858年）に斉彬が急死すると一気に暗転します。

斉彬の死後、薩摩藩の事実上の藩主として君臨したのは斉彬の弟・久光《ひさみつ》でした。しかし斉彬と違い幕府に融和的な方針を掲げる久光にとって、西郷の存在は頭痛の種だったのです。

久光との溝は、西郷を何度も窮地に追いやりました。斉彬時代の薩摩藩にとって恩人にあたる勤王派の僧・月照《げっしょう》が幕府の追及を逃れて薩摩藩に亡命を求めた際は、久光はこれを拒否したどころか、西郷に殺害を命じました。西郷は進退窮まった末に月照と入水しますが、結果的に自分だけ助かってしまい、奄美大島への流罪となります。

この最初の流罪は西郷を幕府の目から遠ざけるのが目的だったこともあり、ある程度自由な暮らしが許されたようです。しかし久光を激怒させたことによる沖永良部《おきのえらぶ》島への流罪では、囚人として風雨をしのぐこともできない牢に繋がれ、危うく死にかけるほどに健康を崩してしまうなど、きわめて過酷な暮らしを強いられました。

『言志四録』から学び、血肉化した西郷

しかし西郷が自分自身の人格を完成させる上では、この二度目の流罪生活が決定的に重要でした。

獄中も含めて沖永良部島で生活した一年半、西郷が繰り返し繰り返し読んだといわれるのが、儒学者・佐藤一斎《さとういっさい》の『言志四録《げんししろく》』です。一斎は昌平坂学問所の儒官を務め、佐久間象山《さくましょうざん》や横井小楠《よこいしょうなん》も師事した江戸時代末期の大儒学者であり、『言志四録』は、一斎が42歳から80歳までの間に書いた総計1133条から成る箴言《しんげん》集です。

西郷隆盛の蟄居の地（沖永良部島）

その一部を引用しましょう。

〈己を喪《うしな》へば斯《ここ》に人を喪ふ。人を喪へば斯に物を喪ふ〉

〈士は獨立《どくりつ》自信を貴ぶ。熱に依《よ》り炎《えん》に附《つ》くの念、起す可《べか》らず〉……

西郷はこうした言葉の数々をただ愛読しておしまいにするのではなく、同書に記されている大量の言葉の中から、特に気に入った言葉を選び、書き写し、何度も暗誦しました。そうすることで、文字通り「肝に銘じる」ようにして肉体・魂の一部として刻みつけたのです。

西郷が『言志四録』を読み込み、選んだ句に自らの註釈を加えたものは、現在『南洲手抄《なんしゅうしゅしょう》言志録《げんしろく》』として残っています。

この中に、「一燈《いっとう》を提《さ》げて、暗夜を行く。暗夜を憂《うれ》ふる勿《なか》れ、只《た》だ一燈を頼め」という言葉があるのですが、これは暗夜すなわち八方塞がりでまったく希望らしきものが見えないような状況でも、ただ一つの灯りがあれば恐れる必要はない、という意味です。当時の西郷が置かれていた状況にも重なります。島流しにあっていた時期に西郷がどう絶望と戦い、自分を奮い立たせようとしていたかがわかるようです。

西郷はこの後帰還を許され薩摩の軍および政治指導者として復帰しますが、その後はよく知られているように長州藩との同盟を締結したことによって明治維新は急転直下で加速していきます。

私はそれができたのも、西郷が沖永良部島での自己修練により、自分自身の胆力を鍛え上げたゆえだと思います。

「知仁勇」の勇が足りない現代

孔子は『論語』において、人間にとって最も重要な美質として知《ち》（智）・仁《じん》・勇《ゆう》の三徳《さんとく》を挙げ、「知の人は惑わず、仁の人は憂えず、勇の人は恐れない」と説きました。「知」と「勇」は現代における知性（判断力）と勇気（行動力）、「仁」は優しさ（誠実さ）と同じものであると考えていいでしょう。

論語の影響を受けた日本でも、「知仁勇」の三徳が揃って初めて人格的にバランスが取れる、とする考え方は永く定着していましたし、西郷もそう考えていたであろうことは、『南洲手抄言志録』の第一〇〇番目が「知仁勇」についての箴言であることからもわかります。

〈智仁勇は、人皆謂《ひとみない》う、「大徳にして企《くわだ》て難《かた》し」と。然《しか》れども凡《およ》そ邑宰《ゆうさい》たる者は、固《もと》と親民の職たり。其の奸慝《かんとく》を察し、孤寡《こか》を矜《あわれ》み、強梗《きょうこう》を折《くじ》く。即《すなわ》ち是《こ》れ三徳の実事《じつじ》なり。宜《よろ》しく能《よ》く実迹《じっせき》に就《つ》きて以て之《こ》れを試《こころ》むれば、可《か》なり〉

知性があっても人に対する温かみがない人や、事を決断し実行する勇気がない人が人の上に立つべきではないのは現代でも同じでしょう。ただ私は、大学教員として20年以上若者たちを指導した経験から、智仁勇のうち、今の日本人から「勇」の資質があまりに抜け落ちていないかと危惧しています。

そのことは、学生たちに人前で何かを発表してもらうような場合に特に痛感します。講義で取り組んできた課題について、１００人を前に15秒程度話すだけのことなのですが、はじめのうちはあまり名乗り出てくれる人がいません。がんばって出てきた人も、後で感想を訊くと、「緊張で手足が震えました」などといっていたりします。仮に彼らをタイムスリップさせて幕末の日本に放り込んだ場合、倒幕の志士にはなかなかなれないでしょう。

現代の若者は、総じて心持ちが優しく、他人に対して無礼なことや配慮にかけることをさほどしません。その意味で、「仁」の気持ちは比較的あるように思います。

もちろん「知」に関しては改善の余地はたくさんあるのですが、これにしても、大人の側が刺激さえ与えてあげればしっかりと伸びていきます。そう考えると、最も縁遠いのはやはり「勇」ではないかと思うのです。

実際、学生たちに孔子の三徳を説明したあとに、「3つの徳のうち、自分に最も欠けているもの、必要なのはどれだと思う？」と尋ねると、ほとんどの人が「勇」を挙げます。

西郷は寡黙で、余計なおしゃべりはしない人でしたから、現代のプレゼンのようなことを好んでやる、ということはきっとなかったでしょう。しかしそれでも西郷は、何かを語らなければいけない局面だと判断したときには、簡潔ながら強烈な印象の言葉をいくつも残しています。

人は、「自分を守りたい」「恥をかきたくない」などの保身が頭にちらつくと、余計にビクビクし、やらなくてもいいことをついやったりしてしまうものです。しかし西郷のように、自分へのこだわりは捨てると決めてしまえば、恥をかくことはもはやどうでもよくなってしまいます。西郷が常に泰然自若《たいぜんじじゃく》としていられたのは、「天地にしたがう」と決めていたからなのです。

「知・情・意」に対応している身体の部位とは？

論語の「知・仁・勇」と同じ概念は、実は西洋にも「知《ち》・情《じょう》・意《い》」という言葉で存在するのですが、人間の身体にはこれらに対応する部位がある、というのが私のかねてからの持論でもあります。

上丹田《じょうたんでん》というのは、眉《まゆ》と眉の間の少し上のところにあります。よくインドやネパールの人たちが、眉間に赤い印を付けていたりしますが、彼らがそこに印をするのは、そこに「第三の目」があると考えるからです。実際そこには前頭前野が存在するわけですから、知性が新たな目を開かせる、と考えた古代インド人の洞察力はやはり凄いものがあると思います。

中丹田《ちゅう》はちょうど胸の中心、心臓に近い所にあります。感情が胸にあるという感覚は東西共通でしょう。英語でも心臓を「ハート」と呼び、そこに情愛や思いやりが宿ると考えますし、日本でもかつて和泉式部《いずみしきぶ》が、恋心は胸を突き破って螢《ほたる》に運ばれていくと歌に詠んでいます。

臍下《か》にある下丹田（臍下丹田《せいかたんでん》）が勇気、意志の力を宿す場所であるというのは、かつての日本人の共通認識です。

最近の「脳ブーム」の影響なのか、人間の感情に関することがすべて脳から命令されるホルモン分泌によって左右されるという、脳一元論的な考え方が、近年広く共有されているようです。ただ実のところ、脳の専門家である脳科学者の人たちには、そのような見解を持つ人があまりいません。

私自身も養老孟司《ようろうたけし》さんや池谷裕二《いけがやゆうじ》さんなど、たくさんの脳科学者の方と会い、直接その見解を伺っていますが、彼らが口をそろえていうのは、「身体が大事なんだ」ということです。私たちの脳の働きは、私たちの身体のあり方により規定されているのではないか、という人さえいるほどです。

例えばイルカという動物は、実は大きさだけでいえば人間以上の脳を持っています。脳の大きさによって知的レベルが決まるのであれば、イルカは人間よりも賢くなければおかしいはずですが、実際には人間ほど知性が発達していないのはたしかに不思議です。

その理由を説明するものとして、イルカには、人間のような手がないからではないかという説があるそうです。

私たち人類は進化の過程で、偶然にも自分以外のものを摑《つか》んだり、摘《つま》んだりなど複雑な動きのできる、外界に働きかけができる手を獲得した。いま人類が持っているような知性は、その結果として獲得したものではないのか……という説です。

私が「臍下丹田で考える」という場合、それは人間の臍下に脳細胞のような器官があって、そこが脳と同じ思考法をしている、ということではありません。臍下丹田に気を集中させ、練っていくと、結果として自分の心が落ち着き、脳もしっかり働くようになる、ということです。

「知・情・意・体」の四位一体として認識してみる

私は、「知・仁・勇」がそれぞれ上丹田、中丹田、下丹田に対応するという感覚をよりリアルなものとして理解してもらうための、ちょっとした動きも考えてみました。

以下そのやり方を説明しましょう。まず「知」ですが、片手で眉間《みけん》の少し上のところにある第三の目のところを押さえてください。仕事などで複雑なストレス要因に襲われたときは、こうして前頭葉の前頭前野の働きで整理することを意識してみましょう。

物事の判断において理が先走りすぎ、情に欠ける言動をしているような気がしたら、手を胸に当てながら考えるようにしてみてください。

何らかの行動を起こさなければいけないのにその勇気が出せないときは、手をお臍《へそ》の下にある臍下丹田に当て、ここに気を溜めるように意識してみれば、心も頭もクリアになり、未来への恐れや保身の意識から、少しは自分を解放できるはずです。

「知情意」とか、「知仁勇」などと言葉でいくら説明してみても、自分の外側をふわふわと漂《ただよ》っている実体なき概念のようにしか感じられない人はきっと多いと思います。

しかし、実際に自分の体の部位に手を当てれば、知が額《ひたい》の奥に、感情が胸に、意志が臍《へそ》の下にある実感が不思議と湧いてくるものです。これが身体感覚の強みです。

「知・情・意」がそれぞれ、「上丹田、中丹田、下丹田」という身体感覚に対応することから もう一歩発展させて、私は「知・情・意」に加えて、もう一つ人間にとって必要な徳目として「体」があるのではないかと最近よく考えます。三位一体ならぬ、「知・情・意・体」の四位一体として認識すべきではないかと思うのです。

「知・情・意」に身体を加え「知・情・意・体」とすれば身体そのものの重要性がより意識しやすくなります。私たちの身体が、世界に対して開かれているからこそ知情意も働くのです。

天を味方につけるために

日本人は昔から、「気」という言葉を多くの場面で使ってきました。頭に血が上ったり、逆上しているときは「上気する」といい、健康状態を「元気」「病気」などの言葉で説明したのも、昔の日本人が自分の体の中で気がどう動いているかを敏感に感知できたからこそだと思います。

さらに気の動きに鋭敏な人になると、人間の気が、天地と連動していることもよく知っていました。西郷が「敬天」をモットーに掲げることで天地に恥じない生き方をしようとし、大いなる意志、本来あるべき姿としての天との一体化を目指したのも、根源的な理由はそこにあるのだと思います。

〈道は天地自然の物にして、人はこれを行ふものなれば、天を敬するを目的とす。天は人も我も同一に愛し給ふゆえ、我を愛する心を以て人を愛するなり〉

〈人を相手にせず、天を相手にせよ。天を相手にして、己れを尽くして人を咎《とが》めず、我が誠の足らざるを尋ぬべし〉

天に見られているのであるから、天に恥じないように生きる。それによって天を味方につける——こうした感覚は、西郷にとってはごく自然なものでしたが、現代の日本人に「天」なるものを想定して生きている人がどれほどいるものでしょうか。

こうした西郷の生き方を、現代人がすべて理解するのは難しいことかもしれませんが、現代においても西郷の胆力を学ぶ意味はけっして小さくはありません。

特にビジネス分野での成功を目指していたり、起業を考えているなら何よりもモノをいうのは行動力ですから、西郷のように、難局に直面してなお冷静に行動できること、そして気

力を持って判断し行動ができることは、非常に重要なことのはずです。

普段から臍下丹田に気力をみなぎらせることを意識していれば、こうした行動力・活力を養うことができます。

ストレス耐性を強める「腰腹文化」

日本人は古くから「腰」と「腹（肚）」を中心とした文化をつくってきました。

能、歌舞伎、日本舞踊などの文化芸能にしても、武道にしても、基本的に腰と腹（肚）を据えることを中核とした身体文化です。かつて私は、日本の本来の文化を「腰腹文化」とネーミングしたことがあるほどです。

そしてこれは実は、身体の文化であると同時に精神文化でもありました。腰と腹（肚）に人間の中心があるという人間観です。体の軸がブレないということは、則ち心もブレないということを意味するのです。

こうした豊かな腰腹文化をつくった日本人が、戦後70年経って「マインドフルネス」という外来の瞑想的技法を逆輸入しなければならないほどに身体文化に疎《うと》くなってしまったのは、さびしい限りなのですが、これには敗戦の影響があります。戦前の道徳教育である修身などは儒教の影響を受けたものであったため、戦後は学校教育から論語は排除されました。

しかし、日本が全体主義に陥ったのを論語のせいにするのは本末転倒です。論語は日本が全体主義に陥《おちい》るずっと昔の2500年前に書かれた書物ですし、孔子がこれを書いた目的にしても、むしろ戦争をしないようにするためでした。臍下丹田にしても平安時代にはすでに考え方は固まっており、明治以降の日本の軍国主義化とは関係ありません。

日本は戦後、軍国主義や全体主義というタライの水と一緒に、身体文化や精神文化などの赤子まで流してしまったのです。その結果、今になって「メンタルが弱くなった」と大騒ぎしているのは、あまりにも皮肉なことではないでしょうか。

現代がストレスの多い時代なのは事実ですが、幕末から明治の人たちもストレスがなかったわけではありません。農村などでは飢餓も度々起き、餓死や身売りもありました。こうした物不足は戦争中は全国的に広まりましたし、戦後も昭和20年代は洗濯機も炊飯器もないのが当たり前の環境で沢山の子どもを育てなければいけなかったわけで、むしろ過酷な状況です。この時代の人がストレスが少なかったなどとは到底いえません。

そう考えれば、日本人のストレス耐性が弱くなってきている面は現実にあると思います。日本にはせっかくすばらしい精神文化、身体文化があったわけですから、それをもう一度思い返し、自分たちの身体にしみ込んだ知性として再度位置づける必要があるのではないでしょうか。

西郷隆盛の身体と精神は、日本人が失ってしまったものは何か、取り戻すべきものは何かを端的に教えてくれるものです。

第4章

自我を解き放つ知性

借り物ではなく、自分自身で考えるとは？

自分自身で物を考えられる。それが真に知性のある人です。近代日本では明治以降、輸入された西洋の知識を紹介し、わかりやすく説明できる。それに長《た》けた人を「知識人」と呼んできました。博学であれば「知性がある」と考えられてきたのです。確かに知識人のおかげで、私たちは多くの西洋の概念を知ることができたため、高い文化を享受《きょうじゅ》しています。

しかしながら、「知性とは何か？」を改めて考えると、ただ仕入れた知識を右から左に受け流すだけでは、「知性がある」とはいえないでしょう。なぜなら知性とは、「自分自身で物を考えられる」ことであり、つまりは「生きる力」につながるものだからです。

いくら知識があったとしても、頭でっかちであれば、いざというときに右往左往して終わりです。とりわけ現代のように混迷した時代であれば、人は生きる力になり得る何かを得たいと思うものです。どういう状況でも自分の頭と体を使って考えて行動できる。そのようなあり方が知性ある人ではないかと思います。

そういう観点で日本の近代史を振り返ってみます。例えば夏目漱石は、英文学の世界において自分の足で立とうと試みました。けれども、やはりイギリス人が先行しており、なかなか独自の道を切り開くのは難しかった。では、哲学の世界はどうかというと、西田幾多郎《にしだきたろう》が初めて自分の足でしっかり立ったといえると思います。

西田が著《あらわ》した『善《ぜん》の研究』は、伝統的な西洋哲学の理論に則《のっと》った様式で書かれた哲学書です。彼は西洋哲学の原書を読んで勉強し、その上で「世界をどう捉えるのか」について自分の言葉で表しました。哲学の解説者ではなく、哲学者として初めて名乗りを上げたのです。たとえていうならば、メジャーリーグに一人乗り込んで記録を打ち立てた野茂英雄《のもひでお》のような画期的な存在です。

自分が取り払われていく瞬間に感動は訪れる

『善の研究』を端的に説明すれば、「主客未分《しゅきゃくみぶん》の境地」を根源的なリアリティに据えたことが挙げられます。「主客未分」とはどういうことかといいますと、普段の私たちの暮らしでは、「私」という主体が確かに存在し、そして「対象」という客体がある、と思っているはずです。そういう認識の仕方をまず疑うことはありません。

しかし、西田はそうではないといいます。私と対象という関係の根っこには、主客未分の「純粋経験」がある。そういうことを西田は『善の研究』において高らかに宣言しました。

一見、難しく聞こえますが、意外とそうでもありません。例えば、星の美しさに感動するとき、「私は星を見ている。私が星を認識している」といった、私と対象とを分けるような認識の仕方をしていないはずです。むしろ自分と星とが溶け合ったような、一体化した感じで捉えているのではないでしょうか。自分というものが取り払われていく瞬間に訪れる感動がそこにはあります。

むしろ自意識があると「自分がそれを見ている」というふうに、「自分が」がどうしても残ってしまって、世界に入り込んでいけません。映画で『仁義なき戦い』や『ゴッドファーザー』を観た人は、映画館を出たら広島弁でしゃべり出してしまったり、マフィアの立ち居振る舞いを真似てしまった、というような話を聞いたことがあると思います。そういう現象が起きるのは「自分が映画を見ている」のではなく、映画の世界に入り込んでしまったからこそでしょう。

西田の基本的な考え方はこうです。「私が対象を認識する」というふうに世界は分かれていない。それ以前の「純粋経験」というものがあるのではないか？　これは西田自身も取り組んだ坐禅の体験から得た視座だと思います。

禅の修行は、ひたすら自意識を振り払うことに努めます。「私が何かをする」という際の、「私が」を全部落としていきます。すると「私が呼吸している」ではなく呼吸そのものになっていきます。坐禅において息を吸い、吐くことを見つめ、やがてその息そのものになっていく。禅とは、そういう一種の無の境地を身体的に会得する修行といえます。

日常においては、「私が〜する」という意識のあり方が普通なので、禅の修行は特異なことをしているように思えるかもしれません。しかしながら当たり前と思っている「私が〜する」という自意識のあり方は、実は後付けであって、本当はその行為をしているときに自分は無いのかもしれない。禅はこういう考え方をします。

スポーツをしている人は、「自分が無い」体験をしていると思います。テニスの試合の最中、「私がボールを打つ」という意識的な行為をしようと思ったら、ボールの速さに間に合いません。自分の手足の動きが一体化しているとき、「私が〜する」といった悠長な意識が登場する間などないのです。むしろ対戦相手の動きすら含んだ大きな流れとしてゲーム全体が感じられるとき、いいプレイができているはずです。

同様のことは音楽でもいえるでしょう。演奏者は音符の一つひとつを意識して、「私が演奏している」のではなく、音と音の「間」を生きているような感じがあると思います。このような「自分が無い」という体験を考える上では、「間」も興味深い現象です。精神科医の木村敏《きむらびん》さんは長らく「間（あいだ）」をキーワードに思考し続けています。木村さんは「雨が降っている」のではなく、「『雨が降っている』ということ」として捉えています。

つまり雨という「もの」ではなく、「こと」を中心に見ています。西田の考えでは、それが「主客未分」のリアリティ、つまり「純粋経験」を見ることになるというわけです。

自他の境界がなくなる「純粋経験」

私たちにとって「純粋経験」は意外にわかりやすい概念ではないでしょうか。

なぜなら日本人は「私が」といわずに、主語を消去してコミュニケーションする傾向があるからです。来客した方にお茶を出すとき、「お茶が入りました」といいます。「私があなたのためにお茶を入れました」とはいいません。人が淹《い》れたにもかかわらず、あたかもお茶が自然とひとりでに現れたかのように「お茶が入りました」といいます。

自然ということでいえば、天気と気分もよく分かたれていません。天気が悪いときにはどうも気分が塞《ふさ》がる感じがしますし、いいときには晴れ晴れした心持ちになります。

要は、私たちの現実は主体と客体とが、あまりはっきりとは分かれていません。それが日本人のリアリティです。そういわれたら、「なんだかそんな気もしてくる」と答える人も多いのではないでしょうか。その程度に自他がはっきりしていないのです。

西田もまた『善の研究』の中で、そうした自分と他者の分かちがたさについて、能動と受動という切り口で取り上げています。その上で両者は「はっきり分かれていない」といった内容を書いています。

どういうことでしょうか。私は若い頃、指圧を研究していたので、指圧を例にとって説明します。

うまい指圧はぐっと入るとき、相手を押しているような、それでいて相手から押されているような感覚があります。相手との一体化が起きて、浸透する感覚が生じます。反対にうまく行かないときは、「自分が相手を押している」といった、ギュウギュウ押す感じが強く残ります。いつまで経っても相手の体と一体化しません。

上手な指圧は「自分が押している」よりは、「押されている」といった受動的な感覚を踏まえながら行っている状態です。そうすると、相手の体が自分の手の動きを読んでいて、むしろ「させられている」感じになっていきます。

積極的かつ能動的に「私があなたを押す」のではなく、相手の体にしたがって手が動いていく。それを私は「積極的受動性」と呼んでいます。ここにおいては能動か受動かという区別自体があまり意味を持ちません。これはある意味で、いまの生活様式において理想的な姿勢になるのではないかと思います。

多くの人が従事する仕事の中で、営業職は重要な位置を占めています。いうまでもなく、自分の売りたい商品を相手に買ってもらう職種です。本当にセールスの上手い人は、相手に「商品を買わせよう」とはしません。相手と仲良くなって、共感を示した結果、売れるという現象が起きます。

もちろん、こういう仕事のあり方は、西田が「主客未分」で想定していた状況ではないでしょう。けれども、仕事における関係性のあり方を「主客未分」という視点で見ると発見があります。

仕事上の上手なやりとりで明らかになってくるのは、相手と深いところで共感できる人が強い関係性をつくり出しているということです。つまり、物を買うようでいながら、私たちは相手との関係性を買っているわけです。そうして信頼が生まれ、打ち解けた雰囲気ができるとき、互いが溶け合う感じが生じているはずです。そのとき、自他の境界線が薄れています。

「場所」が私たちの関係を成立させている

私たちは「自分」という意識のあり方を離れてしまいたいと、どこかで願っているはずです。そういう欲望の現れがエクスタシーです。「脱自《だつじ》」あるいは「恍惚《こうこつ》」とも呼ばれます。

西田幾多郎ゆかりの「哲学の道」(京都)

自分という意識の殻《から》から抜け出る体験は、人間に強烈な快感をもたらします。

性的な体験において訪れるエクスタシーでは、自分がなくなり、相手の中に溶け込む感覚が訪れます。自分自身が失われることをそれほどまでに求めてしまうのは、自己がなくなって世界とつながる感覚が究極的にはうれしいからでしょう。

それが生きていること。つまりはライブの感覚といってもいいかもしれません。

音楽のライブの体験も同様です。CDの売り上げが減少する反面、ライブを中心に活動するミュージシャンが増えています。ライブの魅力は何といっても一回きりの体験ができるところにあります。そこに魅力を覚える人が多くなっているのです。

その背景には、ベンヤミンのいう「複製文化」が隆盛を極めている現状があるでしょう。見渡せば音楽であれ映像であれ、いつでも再生可能なメディアが世に溢れています。

しかしながら、私たちは「いつでも同じ経験ができる」ことになんとなく嘘くささを感じているはずです。だからこそ「一回性こそが本当の価値あることだ」と理解し始めているのではないでしょうか。

ライブの空間に悲しい音楽が流れてくると、みんなの心の中に似たような感情が湧き上がり、悲しみの「場所」をつくり上げていきます。それぞれの悲しみの体験は違っても、「悲しみ」という共通項があり、それが広がっている場所が生じます。

西田は「純粋経験」から、やがて「場所」という概念を展開していきます。場所があって、それから主客が現れるというわけです。ここでいう「場所」とは、いわゆる物理的な空間のことではありません。「場」といった方が理解しやすいかもしれません。関係性の根底に「場」があるから、私と相手とのつながりが可能になる。そうであれば場の方が私たちのあり方に大きな力を及ぼしていることになります。これは誰しも思い当たる節があるのではないでしょうか。

学生時代のことを思い返してみます。クラスごとに雰囲気が違ったはずです。そこに先生が入って来たら、またそこで空気の変化が生じます。個人がどうこうではなく、場全体の空気があります。西田のいう「場所」はもっと抽象的なものですが、「場所」というものが関係性に先行する。もしくは根源的に存在するという考え方も、日本人には理解しやすいものではないでしょうか。

なぜなら私たちは「空気を読む」からです。場の空気を直感的に読みながら、次の行動を決定しています。そのため、その場ごとに自分をいかようにも変容できてしまえます。空気に合わせてしまうときに出てくる自分は、その「場」の力によって左右されて出てきた自分です。場所や相手、関係性によって現れる自分が違ってしまう。それが日本的な在り方だと思います。

どこに行っても変わらない、確固たる個性を持って振る舞う人もいるかもしれません。仮にそういう人であっても、相手との関係性が変われば自分も変わるわけです。そういうことを踏まえて考えれば、やはり場所が根源的にあって初めて自己や他者が出てくるのだと思います。

「我」よりももっと深いリアリティに降りてみよう

人類の初源を遡《さかのぼ》って考えていくと、もしかしたら自分と他人はそれほど分かたれておらず、場が生活を後押しする力となっていたのかもしれません。そう思うと「アルタミラの洞窟」の壁画に個人名のサインがないことも頷けます。大きな動物への恐れ、それを狩る行為の崇高さ、狩りにかかわる集団としての一体感といった一種、個人に還元されない宗教的な思いが共有され、描かれたのではないかと思われます。

太古の共同体では、集合意識によって行動し、生き抜いてきました。それを何万年も繰り返してきたとすれば、そこではデカルトの提示した「我思う、ゆえに我あり」といった、個別の意識はさほど重要ではなかったでしょう。長きにわたり人類を動かしてきた意識は、自他の溶け合ったものではないでしょうか。そうでなければ共同で狩りはできなかったと思います。

狩猟をサッカーになぞらえると、やたらとボールを持ちたがる自己中心的なプレイヤーがいたら、全体の流れを止めてしまって、勝利に向けた試合運びにはなりません。そこへいくとFCバルセロナというチームは非常に優れていて、「ロンド」という輪になってボールをワンタッチで回す練習方法を取り入れています。輪の中にパスを遮《さえぎ》る役割が二人いて、周囲は彼らにボールを奪われないようにパスを回さないといけません。ちょっとでも考えていたらワンタッチでパスはできません。瞬時にコースが見えていなければ、練習として成立しないわけです。

少年時代からずっとロンドを練習しているため、「私がいいプレイを見せたい」という自意識は無駄なものとして日々排除されていきます。一番最適なパスコースが瞬時に見えるようになる能力が発揮されるとき、それは能動か受動かという範疇《はんちゅう》を越えています。個人の意識ではなく、全体が一つの生き物のように動いていく。そういうときに私たちは個を超えた全体に溶け込む快感を覚えます。

「我思う、ゆえに我あり」といったような、自意識を確立することも知性のあり方です。けれども西田は、その「我」よりもっと深いリアリティに降りていこうではないかといっています。自分というものが主ではない。自分と世界は分かたれていない。西田はそれを参禅で体感したわけです。体で感じたことをこのように理論的に表現していくところが、彼に学びたい知性のスタイルの一つです。

中途半端な自意識があるから物事を心底楽しめない

全体という大きな存在と一体化する。そのときに人間は幸福感を味わいます。

そういう意味では、人間は自分ひとりで幸福になれるというよりは、他のものとつながったときに幸福感が出てくる存在です。その純粋な現れが宗教感情です。

根源的な存在に自分が溶け込んで失われて解放されるときに「一即多《いっしょくた》」といった、大きなものと個別のものとの一体化が訪れる。インドのウパニシャッド哲学でいうところのブラフマンとアートマンの一致です。漢語では「梵我一如《ぼんがいちにょ》」と訳されています。

ブラフマン（梵）は、宇宙全体を司る存在。アートマン（我）はちっぽけな自己です。二つの一致が多くの宗教の目指しているところではないでしょうか。

日本人はその大いなるものを自然に求める傾向があります。富士山を霊峰と崇《あが》め、信仰の対象としました。人間では創り得ない、大いなる存在に参ることで、そこに自分が溶け込み、力をもらって帰ってくる。西洋の人格神に基づく宗教とは違いますが、やはり「大いなるもの」とつながるという宗教的感情がそこには確実にあります。

そういう一体化の感覚が得られるような工夫を日常の中で行ってみる。それも自意識よりもっと深いところにあるリアリティに迫る知性的な在り方だと思います。

例えば、卓球をやっている人ならば、リズムに乗って打ち返していくにつれ、何か自分が放たれるような感覚が生じるはずです。リズムで自他が貫かれている感覚です。

宗教的感情をもっと高尚なものだと思っていれば、卓球とは結びつきにくいかもしれません。しかし、卓球で自分が放たれる感覚があったとしたら、それはドイツ人の哲学者であるオイゲン・ヘリゲルが『弓と禅』で示そうとした、「大いなるもの」との一体化と同じだと思います。

ヘリゲルは弓の師であり、弓聖と称えられた阿波研造《あわけんぞう》から再三「自分から離れなさい、矢はひとりでに放れるのです。あなたが矢を放つのではないのです」と注意されていました。

ヘリゲルはとにかく上達したいし、「的を射たい」と思っています。阿波は「当てるということはどちらでもいいこと」といい、さらに「矢は自然に放たれ、自然に飛んでいく。あなたはもっと自分というものを解き放って呼吸に集中しなさい」と諭します。そしてヘリゲルがある日、矢を射た際、阿波が正座して居住まいをただし、お辞儀をしてこういいました。

「今し方、〝それ〟が射ました」。

ようするに、あなたが矢を射たのではなく、あなた以外の何か「大いなるもの」が弓を射た。「あなたはその境地に達した」ということで、阿波はお辞儀をしたのです。自分を離れたところを弓道は目指しています。だから当たる、当たらないをことさらいいません。なぜなら自分を離れ、的と自分とが一体化したとき、当たるという現象が結果として起きるに過ぎないからです。

自己を離れて大いなるものと一体化しながら生きていくと感動が多くなります。この世に生まれて良かったと思う経験も増えます。もし物事を心底楽しめないとすれば、それは自意識過剰で中途半端な知性しか持ち合わせていないからです。

やたらと理屈にこだわる時期があったとしても、あくまで発達段階としてならいいでしょう。それを乗り越え、自分を解き放つ練習に入っていくと、より大きな世界を直接感じ取るような境地に至ることができるはずです。それが人間であることの醍醐味ではないでしょうか。

おそらく動物は自他の分かたれていない世界を生きています。人間のような自意識はありません。人間はエクスタシーのような体験で自意識を超えることを望みつつも、自意識がない人生に物足りなさを覚えます。というのも、人間には高い認識力があるため、どうしても世界を分けてしまうからです。

自他に分かれた世界を楽しみつつ、分かたれた世界から「大いなるもの」との一体化に向けて、自分を解き放っていく。そういう試みは知性的な振るまいといえます。

ただし、「大いなるもの」に向けた自己の解放がいつも良いものとは限りません。ヒトラーのようなファシストが場の雰囲気を盛り上げると、「そうだ、そうだ」と賛同して、知性を失って流されてしまうこともあり得るわけです。やはり知性というからには、全体主義的な場の空気に流されてしまうのを食い止めるものでなければなりません。

そうなると、知性はただ単に全体との一体化に向けた空気だけを楽しむのではいけないでしょう。それは知性が足りない状態でしかありません。知性とは全体に流されない拠点であり、生命力を汲み上げられる泉でもある。そして自身の内側の感覚と照らし合わせて価値判断をしていくことを可能にする力です。

「行為的直観」——私は行為するからこそ私としてある

世界に埋没することが知性ではありません。西田は後に「行為的直観《こういてきちょっかん》」という考えを示すようになります。『論理と生命』で行為的直観についてこう記しています。

「我々が行為的に直観するというとき、我々の自己が単に無くなるのではない、かえって自己が真に生きるのである」

どういうことかといいますと、例えば調理人が高速でキャベツを刻んでいるとします。そのとき「私が包丁を使ってキャベツを刻んでいる」といちいち思っていないはずです。ただ行為しているだけです。あるいは農家の方が果物を握った瞬間に「甘いかどうか」がわかるといったことも行為的直観だといえます。

このような行為的直観が鈍ると理屈をいうことにエネルギーを注いでしまいがちになります。それでは、この世界で生きるおもしろ味も減ってしまいます。

生きる愉快さについてさらにいえば、「大いなるもの」との一体化を重んじるばかりでは、ただいたずらに「自分を無くす」という消極的な態度にしかならず、人生を楽しむことはできません。

人は生きています。絶えず行為している存在です。そこに「自分を無くす」ことの難点があります。例えば坐禅においては、無心で「ただ坐らないといけない」けれど、「ただ坐っている」といった停止を目指しては、無心とはいえません。

むしろ職人が集中して仕事をしているときの、行為の只中《ただなか》にありながら無心でいるような状態、高速度で回転するコマが停止して見えるのと似ています。それが行為的直観が働いている状態です。そのときこそが個としての自分が存分に生きつつ、大いなるものとの一体化もなし得ていることになります。

また西田はこういいます。

「我々が行為的に直観するということは、我々が自己矛盾的に物を見ることである」

この「自己矛盾的」の理解が難しいかもしれませんが、こういうことです。世界は絶えず否定を繰り返しながら運動しています。生命あるものは死に、そして死すべき運命のものが生殖活動によってまた死すべき命をつくり上げています。死という生の否定が運動をつくり上げています。世界は絶えずそうした矛盾を含んで成り立っています。

ライオンに食べられるウサギは、両者の関係だけを見ると一方的でかわいそうに見えます。けれども世界全体を見てみると、食べる者と食べられる者がいながらも、生命の秩序ある世界として成り立っています。

自と他、個と一般は互いに矛盾を含みつつ、相互に関係し働きあっています。それを「絶対矛盾的自己同一」と西田はいいます。この世界には、様々な矛盾や対立、否定はあるとしても、それが一つの全体としてまとまっている。それが私たちの生きる現実としてあるということです。

私たちは生まれてこの方ずっと自己矛盾的なあり方をしています。例えば、体も「もの」です。それは見る「もの」であり、見られる「もの」でもあります。また働く「もの」でもあります。

客体でもあり、主体でもある。このような矛盾した両義的なものとして私たちは生きています。

そういうテーマを研究した人にモーリス・メルロ＝ポンティがいます。メルロ＝ポンティは、身体は見られるものであり見るものでもあり、触れられるものでもあり、触れるものでもある。世界と人間はそういう身体においてつながっている。この身体を持ってこの世界に住み込んでいる、と考えました。これもまた「我思う、ゆえに我あり」とは違う世界観です。

西田はメルロ＝ポンティに先駆けてこう述べています。

「しかも単に私が考える故に私があるのではなく、行為的に直観する。行為的に直観するから私がある」

私は行為するからこそ、私としてある。見たり、聞いたりと生命が働く中で私として存在している。それは行為する直観としてであって、考えるから私が存在するわけではありません。

自意識を取っ払い、世界に身を投げ込めるか

西田の知性に学ぶことがあるとすれば、それは日々の生活の中で「これは相手と一体化しているな」とか「場の力を感じて気分がいいな」といったことを感じて、喜びの中で生きていくところにあるのだと思います。

みんなでただ笑い合うような関係になっていく。これはすごく大事です。ある瞬間にみんながどっと笑う。集った人が溶け合ったように笑っているとき、その笑いはどこにあるかといえば特定できません。空間の「間」にあるとしかいいようがありません。

場が笑いに包まれるとき、自分というものは失われ、みんながリラックスして体も心もほどけていくと、互いにつながり合えます。そういうときに「いや、別にそんなにおもしろくないけど」と、堅い殻に閉じこもった人がいると、場が冷えてしまうことがあります。確かにおもしろくもないのに笑うのは無理があります。

知性ある人は、場を楽しむことができます。より活き活きとした空間にしていこうという志向があります。だからバカバカしいことであっても、ただ否定するのではなく、バカになれるのです。率先してバカをやることができます。

その典型が祭りです。みんなで踊る場に「踊らぬ阿呆」がいるといささか面倒くさい。バカになるときはバカに徹する。自分を失うことを恐れない。他人に見られるから恥ずかしいといったことも気にしない。

私は学生に対して、「ちょっと歌を歌ってみてよ」「音楽に合わせて踊って」といった無茶振りをすることがあります。上手い下手はぜんぜん問題にしません。とりあえず「自意識を取っ払ってみようよ」ということでやっています。終始戸惑うだけで反応できない学生がいます。勉強はできるけれど、バカのできないタイプです。そういう人は自意識が強いものだから、音楽に合わせて人前で踊るなんて恥ずかしくてできないわけです。

一方で最初からバカができる学生もいます。でも、それで本を読まないとなると、学問の世界では厄介なことになります。

本を読んで知性は磨きながらも、自意識がゆえに恥ずかしいと思う自分さえも乗り越えることができる。そうして突き抜けると、祝祭的な自分になれます。あるいは自分を捨てて場に身を投げることができると、場を祝祭に変えてしまえます。そういう自我を乗り越えてしまったあり方が「知性がある」ということではないでしょうか。

私もけっこう自意識があるタイプではありますが、恥ずかしいという感覚をあるところで切って解放することもできるようになりました。祭りがあったら裸になって御輿《みこし》を担《かつ》ぎたいという気分と同じだと思います。外から見れば、「こんな寒い中、裸になってあんなになってまでよくやるね」と思うでしょう。けれども、やってみると寒さを感じなくなるものです。そういう、なんだかわからないけれど、やってみたくなる力が祝祭にはあります。

長野県の諏訪大社の御柱祭《おんばしら》がそうです。年によっては人が亡くなります。なぜ人が死んでしまうこともある祭を連綿とやっているのでしょうか。死者が出るのは凶事のはずですが、それでもやりたい強い魅力があるからです。危険があるにもかかわらず参加したい。

その感覚は、もしかしたら行為的直観の世界かもしれません。自意識を突き抜けて、「これがもう自分の生命力が湧き上がる瞬間だ」と思ったものに関しては、身を預けていく。

御柱祭りは、縄文文化の名残りともいわれていますから、縄文人の共同意識が人々を動かしているのかもしれません。

翻《ひるがえ》って、「そんなことをするのは恥ずかしい」という感覚は、やはり「私」が恥ずかしいのです。その「私」を取っ払っていきたいものです。

私たちは頭でっかちになりがちで、そのことによって失われたものが沢山あります。西田のメッセージは哲学的です。しかし、私たちが自分たちの生活に引きつけて彼の哲学を考えるならば、たとえくだらないバカなことであっても、こちらとあちらの境界線を乗り越えていけるような瞬間に変えていけるのではないでしょうか。

自己の力を信じるあり方から離れてみる

西田は娘を亡くしています。それがまた思索に転機をもたらしました。実は彼は14歳で姉を失った経験もしています。肉親の死に続いての我が子の死の悲しみはとても深いものでした。随筆集の『我が子の死』において、親が子を亡くすことの辛さを書いています。「この我が子の儚《はかな》き死ということにおいて多大の教訓を得た」「自分が名声を得ようとしているようなときに冷水を浴びせかけられたような心持ちがした」「純粋なる、その純血なる愛というものを感じることができるようになった」と綴《つづ》っています。

これまで愛らしく話し、歌ったり遊んでいた子どもがたちまち消えて「壺の中の白骨」となるのはどういうことなのか。人生とは、所詮そのようなものならば、これほどつまらぬものはない。何かもっと「深い意味がなくてはならぬ」。人生が儚すぎるからこそ、「人生にもっと深い意味がなければならない」と、西田は考えます。

さらにはたんに「後悔の念が起こるのは自己の力を信じ過ぎるからだ」と「歎異抄《たんにしょう》」を引きながら、この世界を自分で生きていく上では、何とも為しがたい大きな力がある。そのことを我が子の死によって感じ始めます。

知性ある人は自分で律し、自分で判断する力はあります。けれども子どもが死んだ場合には、そういう態度も吹き飛んでしまいます。もっと大きな運命の力を感じ取らざるを得ないからです。

自己を捨てて、絶大な力に帰依《きえ》すれば、後悔の念を和《やわ》らげることができるはずだ。己の力を過信するから後悔が起きるのだから、運命をもっと感じ取る必要があるということです。

ソフォクレスの「オイディプス王」のテーマもそれと同様です。「エディプス・コンプレックス」というフロイトがつくった概念のもとになった物語です。

世界に災《わざわ》いが起こり、オイディプスが「災いの大本を探せ」と家臣に命じます。実はオイディプスその人が災いの元でした。彼はそうとは知らず父親を殺し、自分の母親と結婚するという最大のタブーをふたつ犯していたのです。災厄《さいやく》をもたらしたのは自分だと知ったオイディプスは我が目を潰します。これも運命に翻弄される人間の姿です。

こうした悲劇によって、人はこの世界に生きる意味とは何か？　を問いかけられます。私たちは自意識で判断し、合理的に考えれば、それで大抵のことはうまくいくと思っています。そのような合理的な知性で通じる段階もあります。

しかしながら、そういう人でさえも我が子が亡くなったときに、「いや、もう死んでしまったのだから仕方ない。忘れて次に行こう」と思えるかというと、なかなかそうはなりません。そのとき自分の力を信じているあり方から離れて、もう少し運命のような大きな力に対して身を預ける。そういう合理性以外の考え方をすることで初めて人生で味わう辛い思いから解放されることもありえるでしょう。これも知性のあり方だと思います。

田中角栄に見る「清濁併せ呑む」知性の働き

西田から学ぶ知性の在り方をさらに考えてみます。自分自身に立脚しながら、ただ合理的な知性のみによってすべて整理するということでもない。より純粋経験や行為的直観、あるいは矛盾の多い世界をトータルに感じ取って生きていく。それをひらたくいえば、「清濁《せいだく》を併せ呑む」生き方といえるのではないでしょうか。これを実際の人物でいうと、まったく西田とは似ても似つかないながら、田中角栄元首相がそういう人ではないかと思います。

田中角栄の評伝を読むと、とにかく他人をお世話したくなってしまうタイプの人だったことがわかります。「おばあちゃん、名前はなんていうの?」「ご飯を食べました?」とすっと懐《ふところ》に入って距離を縮めてしまいます。選挙の一環というよりは、もっと深いところで人に添おうとしている気持ちの現れでしょう。

彼は雪深い新潟に育ち、優秀だったにもかかわらず、子どもの頃から大八車《だいはちぐるま》を引いて働くといった極貧生活のため小学校までしか行けませんでした。いろんな人に世話になって育ったことから、情の世界を熟知していました。だから、身分の高い低いを問わず非常に深い情で接したのです。

金権政治の象徴として批判も浴びたにもかかわらず、田中角栄を支持する人たちがいた背景には、「情」によって関係を結べる器《うつわ》の大きさがあったのは間違いありません。そして、それが多くの人々を魅了しました。当たり前のように大学に行った人たちが忘れてしまいがちな情の濃さを田中角栄は強烈に持っていました。

そういう人物が今はもうあまり出にくいのはなぜでしょうか。それは私たちの暮らす社会がポジティブシンキングや合理的なロジカルシンキングを重視しており、薄い知性はあっても情の世界を失っているからだと思います。

ネガティブを遠ざけ、ポジティブなものだけで世の中を構成しようとする。その魂胆に器の小ささを感じます。むしろポジティブとネガティブな区分け自体をなくし、大きく物事を捉えていく。それが本当の知性ではないかと思います。

ロジカルシンキングについていえば、そういうトレーニングをしたから確かな判断力が身につくとは限りません。というのも、ここ一番というような大事な局面で問われるのは直感だからです。特に政治家だと、タイムリミットがある中で結果を求められます。

田中角栄は「常に判断はベストじゃなくてベターなんだ。なぜならタイムリミットがあるからだ」といい、日中国交正常化を急ぎました。建国の立役者である毛沢東《もうたくとう》と周恩来《しゅうおんらい》が死んだら、賠償金なしで日中国交正常化はできない。そういう直感のもたらす決断力があって政治はできるわけです。いわゆる役人の発想とはスケールがまったく違います。

あるいは時間を前後しますが、岸信介《きしのぶすけ》内閣時の60年安保における政治的判断もそうです。安保反対の声が日本中を吹き荒れたものの、世論を押し切って岸内閣は改定を行ないました。あれから50年以上経った現在、安保を廃棄すればよかったのか。それとも日米安保体制を続けたのとどちらがよかったのか。平和で豊かな経済発展を遂げ、しかも防衛費に払うお金が抑制でき、さらに国防もできている。

国中の若者が反対したけれども岸信介の判断は正しかった。歴史的にはそういえると思います。

人によって評価の仕方はもちろん異なります。ただ、差し迫った時間の中で決めなくてはならないとしたら、知性とは最終的に判断をするだけではなく、その責任を負うことも含んだ、重いものでもあるわけです。そこを知っておくべきです。

現実に対しタフに生きていくための知性を身につける

タフな生命力と非論理的なものを包括できる知性の有無は一人政治家に限らず、大きな政治的判断をする機会があった際、国民一人ひとりに問われます。そのことは2016年の英国のEU離脱を巡る投票や米国大統領選挙で明らかになりました。

知性的であるかどうかは、仮に判断が誤っているとわかったら、それを修正していけるところにあります。

みんなが「こうしよう」という流れになっているときに修正を求める。あるいは、計画が動き始めているけれど、「失敗ではないか」と内心思うならば、「修正させて欲しい」と素直にいう。決して危険な賭けをやらないのが、本当に知性あることだと思います。

かつて日本が戦争に突っ込んでいったときも、一部の人は「この戦争は負ける」とわかっていました。開戦は無謀なことであると知りながら、極端な一か八かの行動を取ってしまった。粘り強く考え、タフに生きることをやめ、捨て鉢になってしまったのです。

現実に対してタフに生きていく。それが知性の試されるところです。その上で大事なのは原理原則ですが、これは「こうでなければいけない」と主義主張にこだわることとは違います。それでは現実に対する融通がききません。自説に凝り固まってしまっては全体が見えないし、話し合いが必要な局面で自分の価値観を主張だけしていては、交渉にはなりません。

では、硬直するのではいけないからといって、こだわりを捨てれば柔軟になれるわけでもありません。それでは大勢が右へ流れたらそれに付き従うだけの、単なる事なかれ主義です。

手をこまねいて傍観することは柔軟な態度ではありません。硬くなるのでもなく、現実問題に左右されるのでもない。自分の中の原則は持ち、それにしたがって生きつつ、現実を生きていく上では原則を修正しながら臨機応変に生きていく。そういう柔らかでタフな生き方が知性的だと思います。

ただ、現状の問題は多くの情報が溢れ、一人ひとりにスピーディな判断が日々求められることです。江戸や明治の頃ならば、庶民はここまでいちいち判断を求められる機会は少なかったはずです。仕事を選ぶにしても、大体は親の職業を継ぐので、あまりあれこれ考えないで済みます。現代においては親の職業を継ぐことも少ない上に、職業自体が変わってしまっています。かつての二人分、三人分の作業をパソコンを通じて一人でやらなければいけません。熟慮する時間もない。対応が遅いと「サービスが悪い」とお客さんに怒られます。

日本はサービスの悪さに対しては非常に厳しい。だからこそハイレベルなサービス社会をつくってしまったわけです。このレベルを維持しようと思えば、必然的に働く人たちに緊張を強いることになります。高いサービスを受けられることのメリットを感じる一方、あまりにも強い緊張感を募らせて働かなければいけないので、ストレスを感じる人は増えています。

優れた知性に導かれた知性の磨き方がある

様々な情報を決められた時間内に適切に処理していくには、知性を磨かないといけません。だからといって論理性や合理性だけを求める知性では、ストレスに負けてしまいます。西田が提示したような、自分自身に立脚しながらも、自意識を突き抜けた世界へ身を踊らせる。そのような知性のあり方をまとめると「知・情・意・体」ということになろうかと思います。

知性と情と意志と開かれた体。これら四つを身に備えると、誰かと一緒に仕事をしたり、共に暮らすにしても「この人がいて助かる」という存在になっていけるのではないかと思います。何れにせよ「あの人といるとなんだか楽しいし、いい気分がする」ということが肝心ではないでしょうか。

頭はいいかもしれないけれど、情が伝わらない人だと、「一緒にいて楽しい」とはなりにくいでしょう。情のわかる人は頭でっかちになりません。狭い価値観で判断しないから、物事に対し寛容でいられます。そういう人は、周囲には「生き生きしている」「生きることを楽しんでいる」というふうに見えます。いわば機嫌の良い生き方になっているわけです。

ひところまで知性ある人はしかめっ面の不機嫌そうな顔をするのが定番でした。物事を深刻に受け止める知識人というのは、そういうものだという世間の考えもありました。知識人である夫が不機嫌であっても妻をはじめ家人は耐えたわけです。

けれども時代は変わりました。社会のテンポは速度を増し、いろんな人と上手くコミュニケーションをとっていかなければいけません。なおかつストレスを減らしながらでないと心身がもたない。自分が不機嫌であり続けるスタイルを崩さないとすれば、何より周囲のことを気にかけていないわけで、それは情という知性のあり方からすれば、バランスを欠いています。

バランスある知性を持つとはどういうことかといえば、まず自分の足で立つことを恐れない。しかし周りのことはよく見ておく。自身の確信を大事にしながら、勢いに任せるという思考停止に陥らない。内なる確信と自分の外の状況とを照らし合わせ、一歩ずつ地道に自分の考えを熟成させていく。西田はそういうふうにして粘りある思考を重ねていきました。

西田の著作を読むと「なんだか難しいな」と感じる人も多いと思います。細かいところまで考え抜いたものだから難解に思うのです。裏を返せば、西田の思考の流れに寄り添っていけば、頭が鍛えられるということです。

だから、本当に知性を身につけようと思うならば、格段に優れた人の本を丁寧に読むに限ります。そうすると知性の歩みの跡をたどることができます。

登山の初心者であっても、上級者の足取りを追っていくうちに最適なルートが何となく見えてきます。すると自分には到底無理だと思っていた山もなんとか登っていけます。しかも先人が登山の中途で見たであろう風景を見ることもできます。それが優れた知性に導かれた知性の磨き方というものだと思います。

第5章

探求する者がつかみ取る知性

私たちは本当の「探求」の醍醐味を忘れている

何か調べたいことがあれば、検索するだけですぐに大半のことがわかるようになった現代は、いってみれば「知識にアクセスするための高速道路」ができたようなものでしょう。なにしろ国会図書館の倉庫の奥で眠っていた資料を誰でもインターネットで閲覧できるくらいですから、情報へのアクセスは本当に容易になりました。わざわざ文献に当たらずとも、同じテーマで3回くらい「ググって」みれば、かなりディープな知識にたどり着くこともできてしまいます。

このおかげで、以前だったら職業的な研究者にしかできなかった調査を一般の人がするのも不可能ではなくなりました。検索の使い方によってはにわか仕込みであろうと、ちょっとした専門家程度の詳しさが身に付いてしまうのです。

しかしこの高速道路、あまりにも簡単に目的地に着いてしまうので、知識を得る「感動」という点でちょっと物足りないのも否《いな》めません。また目的とする知識を得るまでの過程がここまでショートカットできるようになってしまうと、情報収集という点では効率的ではあっても、知性を磨くことにはつながりにくいのでは、という心配もあります。

昔の人が江戸から京の都まで移動する場合、相当に健脚な人でも12日程度はかかったそうです。しかしその長い道のりを、東海道五十三次の各宿場に宿を取りながら少しずつ進んでいく……という旅は、それこそ一生忘れることのできない思い出になったことでしょう。

翻《ひるがえ》って、現代の旅はどうでしょうか。私も関西方面を含め、日本各地の都市に仕事で行くことは年に何度もありますが、こうした「旅」だと、ほとんどの時間を新幹線や飛行機など乗り物の中で過ごしているだけなので、特別な思い出になる、ということはあまりありません。

私は、これと似たことが知識にもあるのではないか、という気がします。

インターネットなどなかった時代、自分の心の中に浮かび上がったある一つの疑問を解消するためには、その問題に詳しい他の人に質問をしたり、場合によっては何冊も本を読んだりすることが必要でした。今にしてみれば非常に面倒なことをしていた、といえるかもしれませんが、しかしこの過程を経ることで、探求の過程で予想外の発見をしたり、学びに厚みや思いという熱量が加わっていたのも事実ではないかと思います。

「ググる」ことで探求からむしろ遠ざかる?

「ググる」だけで簡単に何でも調べられるのは本当に素晴らしいことではあるのですが、とはいえこの文明の利器を知識の探求に利用している人となると、実はそれほど多いわけではありません。

特に最近の傾向では、若い世代ほど「ネットはスマホで十分」という意識が強まっており、パソコンを持つ必要性をあまり感じていないようです。しかしスマホの小さな画面は長いテキストを読むには現実問題不向きですし、これではせっかくのネットの使い途だって、食べ物屋の検索とかショッピングサイトでの買い物、SNSでの友達とのおしゃべり程度にとどまってしまうでしょう。

本気で知識の探求をするならきわめてやりやすい環境が整備されているにもかかわらず、人々のライフスタイルの方が、少しずつ探求から遠ざかっているのです。

しかし、何かにどっぷりと浸《つ》かるように探求することは、私たちの人生を確実に豊かにしてくれます。

そもそも、私たちがなぜ何かを探求するのかといえば、私たち自身の心の中に、知識なり

真理への、抑えがたい渇望のようなものがあるからです。

どのような分野でも、一流の人というのは得てして人並み外れた探求心を持ち合わせています。例えば物理学者の湯川秀樹は自伝『旅人』の記述によれば、寝ているときも夢の中で自説を仮説として組み立て、それを検証する作業をしてしまうため、目覚めたときにすぐに書きつけられるように就寝時には必ずノートを枕元に置いていたそうです。

私は、人生における最もやっかいな敵は、退屈や不毛感、「何をやっても意味がない」と考えてしまうニヒリズム（虚無主義）的な気分だと思っています。

その点、探求型の人間の場合、放っておいても勝手に何かを探求し始め、周りがやめろといっても探求し続けてしまうものなので、自分の人生が無意味に感じられるような瞬間は訪れません。

実在感のある情報を得るために「生身の誰か」に会いに行く

探求が間違いなく人生を豊かにしてくれるものであるとして、次に考えなくてはいけないのはその具体的な方法です。人が何かを探求しようとするにあたって、通常多くの人がイメージするのは「たくさんの文献、オンライン情報も含めたテキストを読む」ということでしょう。本書でも第1章で紹介した夏目漱石、第2章の福澤諭吉などは、外国語の本を浴びるようにして読んでいました。

しかし「現実の世界で人に会う」のも、それと同じくらい重要な探求のスタイルであるということは、本書の最後の章にあたる本章で強調しておきたいと思います。

例えば、ある地域における人々の暮らしぶりを調べなければいけない、という場合、現代ならインターネットだけでも相当量の情報を得ることは可能でしょう。しかし実際に現地を訪ね、そこで生活している人たちに直接話を聞いてみると、「一般的にいわれていること」とはずいぶん違う印象の話が聞ける、ということは意外とたくさんあるものです。

また、結果的にネット情報とさほど矛盾しないことしか見聞きできなかったとしても、現地の人から直接聞き、自分の目で確認した情報には、テキストから二次的に得た情報にはない「実在感」のようなものがあります。探求においては、探求者本人がこの実在感をどこまで強く抱けるかによって、探求の方向性が微妙に変わってくることも少なくありません。

日本にはこのスタイルの探求の仕方を学ぶ上で、格好のモデルになる達人たちがいます。本章で紹介する柳田国男《やなぎたくにお》と折口信夫《おりくちしのぶ》、あるいは南方熊楠《みなかたくまぐす》や宮本常一《みやもとつねいち》などを代表格とする、「民俗学」と呼ばれる学問分野の探求者たちです。

新たな学問分野を切り拓いた人の使命感

柳田国男は1875年（明治8年）、飾磨《しかま》県田原村（現在の兵庫県福崎町）の儒者・医師の家の六男として生まれました。

柳田は東京帝国大学を卒業後、農商務省の官僚となって東北地方の農村の実態を調査・研究する仕事に就きました。これをきっかけに全国各地の風習や口頭伝承に関する資料を蒐集《しゅうしゅう》するようになり、さらに生来的に備えていた抜群の情報処理能力と高い文学的素養を駆使して、これらに独自の解釈を加え、体系立て、叙述するようになったのです。

個人的に私は、柳田の名前を見るといつも思い出すことがあります。大学に入学したばかりの頃、政治学の教授から「柳田国男の著作をすべて読んでないようでは話にならない」といわれ、柳田の全集を慌《あわ》てて買い求めたのです。

しかしこの全集、実際に届いてみると、凄まじい巻数で、そう簡単に全巻読めるような代物《しろもの》ではありませんでした。ズラリと並んだ背表紙を眺め、中身をめくりながら、「一人の人間が、一生のうちに本当にこれほどたくさんの文章を書けるものなのだろうか？」と呆然としたものです。

じっさい柳田の仕事は、量の面もさることながら、カバーした分野もきわめて広範囲でした。これほどのことを単独でやり遂げてしまったがために、柳田は日本民俗学の創始者でありながら、民俗学の未開拓分野をたった一人で埋めてしまった人物、といわれているのです。まさに「知の巨人」でした。

ここで柳田国男の膨大な仕事の一部を紹介しておきましょう。1910（明治43）年に発表した『遠野物語《とおのものがたり》』は、柳田が岩手県遠野地方出身の民間伝承を同地出身の佐々木喜善《きぜん》という人物から聞き取り、書き残したものです。柳田の代表作であると同時に、日本の民俗学の始祖となった著作です。

座敷童子《ざしきわらし》や神隠し、姥捨《うばすて》伝説などの遠野地方の伝承は現在でも妖怪を描いた漫画などにも登場し、多くの人に知られているものですが、これらは『遠野物語』のなかで著述されなければ、おそらく今頃は忘れ去られていたでしょう。

『明治大正史 世相篇《せそうへん》』は、柳田にとって同時代人である明治・大正時代の庶民たちの細々とした生活を調べ上げ、分析したものです。

実は歴史学においては、昔の庶民がどういう生活をしていたのかを調べることが最も難しい、といわれています。

源頼朝や徳川家康のような権力者、あるいは彼らの周辺で名を成した人々が何をしたかについて調べるのは実はそれほど難しいことではありません。彼らの言動はその時々の公式文書や、同時代人たちの日記で記録されるからです。

しかし名もなき大多数の庶民たちがどんなものを食べ、何を着ていたのか、どんなことを考えながら生活していたのか、などについては、かつてはほとんど記録が残されませんでした。SNSなどで自分のプライバシーを積極的に公開する現代人と違って、昔の庶民には自分の生活を後世に残したいという意識はありませんでしたし、政府もそれらが後世で関心を持たれるほど重要なことだとみなしていなかったからです。

そのように、普通ならば歴史の中に埋もれてしまう人たちのことを、柳田は「常民《じょうみん》」と呼び、彼らの日々の暮らしの有り様が後世に正確に伝わるよう、細かく調査しまとめました。

誰にとっても真似しやすい探求方法がある

こうした「常民」への視線こそが柳田の真骨頂です。『木綿《もめん》以前の事』は、日本人の衣文化について「木綿を着るようになる以前、日本人は何を着ていたのか」という視点から調査したものです。

『妹の力』は、通常、男性中心社会だと考えられている日本社会にあって、「女性の力」が意外にも存在感を発揮していた、ということを実証的に研究したもの。『苗字の話』は、庶民の苗字のルーツを調べたものです。

柳田がこれほど膨大な研究を残せたのは、その動機の柱に「自分が今これを書いておかねば皆が忘却してしまう」という思いがあったからでした。

『山の人生』は、山の中で暮らした人々が体験した様々な不思議な話を集めた作品ですが、この序文で柳田は、「これは今自分の説こうとする問題と直接の関係はないのだが」と断りながら、不況の時期にある一家で起きた不幸な事件について言及しています。その理由として柳田は、〈今では記憶している者が、私の外には一人もないだろうし、〈こんな機会でないと思い出すこともなく、また何びとも耳を貸そうとはしまいから、序文の代りに書き残して置くのである〉とも述べています。

自らの探究心にしたがって集めた資料（史料）を読み込み、自分なりの解釈をして分析する。柳田が実践したこうした民俗学の手法は、誰にとっても真似しやすいという利点があります。

例えばある人がファッションを探求対象としており、過去100年ほどのファッションの歴史を調べてみたくなった、としましょう。その場合、まずはネットと古書店、図書館などを活用し、入手可能な情報をひと通り集めてみることから始めればやりやすいはずです。

そしてその上で、１００年間の流行の移り変わりを5~10年ごとに区切って分類し、それぞれの時代の流行の特徴について考察を重ねれば、かなりの研究成果です。そこまでできた人なら、その時点でひとかどのファッション史研究家といえるだけの知識や見識を備えているかもしれません。

このような柳田的な探求アプローチは、根気さえあれば誰がやっても一定の成果が期待できるという意味で、非常に安定したやり方といえるのです。

不思議な世界に誘われて道に迷う楽しさ

こうした体系的（帰納的）なアプローチとは対照的な方法論を持っていたのが、民俗学の世界において柳田と並ぶ評価を受けているもう一人の巨人・折口信夫です。

折口はもともと柳田の愛弟子として民俗学の道に入ったのですが、いつのまにか師弟間の考え方に隔《へだ》たりが生じ、折口は独自の学派「折口派」を創設しました。そうしたふたりの関係は、最初はフロイトに師事して精神分析学を学んだものの、やがて理論的に対立して分析心理学を確立したユングと重なるところがあります。

その折口が得意とした探求スタイルは、ひとつの謎に対して彼自身の直観に基づく仮説を立て、その仮説を力押しに押していく、というものでした。

こうして立てられた折口の学説に対しては、すでに同時代から「検証しにくい」という批判がありました。さらに近年は折口の仮説の検証が進むにつれて様々な間違いも指摘されるようになっており、折口に対する評価は賛否が激しく二分しています。万葉集などを研究した国文学者としての功績は残っても、民俗学者として評価するには値《あたい》しない、という意見さえあるのです。

しかし折口が書くものには、「検証しにくい」ことだけを理由にただちに打ち捨ててしまうことができない、名状しがたい「魔力」とでもいうべきものがあります。不思議な世界に誘われて道に迷う楽しさのようなものでしょうか。この点もまた、ユングと似ています。

その「魔力」について、「万葉集」の研究者である上野《うえの》誠《まこと》氏は、折口の評伝である著書『魂の古代学　問いつづける折口信夫』のなかで興味深いことを述べています。上野氏によれば、「日本を代表する、ある古代文学研究者」が、自分の指導する学生たちに折口の著作を読むことを禁じているというのです。

なぜなら学問の学び始めの時期に折口信夫に関わってしまうと、折口特有の魅力的な問いや謎に取りつかれてしまい、実証的な論文を書けなくなってしまうからだそうで、上野氏自身も〈実際に、将来を嘱望《しょくぼう》されながら、謎に取りつかれて、研究者として独り立ちできなかったかつての秀才たちを私は何人も知っている〉そうです。

直観によって導き出された仮説を、独特の不思議な説得力をもって展開する折口の著作に、上野氏がいうような危険な一面があるのは本当かもしれません。私自身も折口の著作を読んでいて、魔力にがんじがらめにされ、逃れられなくなるような感じを受けることがあります。

常識を激しく揺さぶる仮説をたてられる人の考え方

折口の思想を知る上で重要なキーワードに、彼が日本人の信仰観を説明するために多用した「マレビト」「貴種流離譚《きしゅりゅうりたん》」といった言葉があります。

簡単な説明をするとすれば、日本人の信仰・祭事の根本は、どこからか流れてやってくる「貴い種」(稀《まれ》にやって来る貴い客人という意味で「マレビト」と呼ぶ)をお迎えすることにある。信仰の対象となる「貴種」は常に共同体の内部ではなく、外部からやってくる――という考え方です。

とはいえこの「貴い客人」が、神であるのか、それとも生身の人間なのか、という問題について、折口ははっきりしたことは何も語っていません。

仮にマレビトが神だとして、これが果たして人格を持つ超越的な神なのか、それとも精霊のような不思議な存在と考えるべきなのか、などについても、その著作の中には答えが書かれていないのです。

こうしたわかりにくさは、折口の著作を読んでいると度々《たびたび》出くわすものです。例えば一般に学者が「古代」という言葉を使うとき、それは飛鳥・奈良時代といった歴史区分・時間概念を指すものと解されますが、折口が「古代において祭りが発生～」などという場合の「古代」は、そうした意味では使われていません。

どうも折口は、私たち日本人の思考の下層、心の深い部分に「古代」というかつて存在したかもしれない時代が残存している、といった考え方にもとづいて、この「古代」という言葉を使っているようなのです。

折口は文学の「発生」についても、このマレビト論で説明しました。

折口によれば、マレビトは共同体に流れ着くときに、「ことば」を携えてやってきます。そのことばは「呪詞《じゅし》」や「詔《みことのり》」と呼ばれる神から託されたメッセージであり、それらが一定の語りや歌の形式を伴うようになり、洗練されたものが今日の和歌や物語の原型となったのだ、というのです。

例えば和歌には、「枕詞《まくらことば》」というものがあります。「ちはやふる」「あかねさす」「たらちねの」「あをによし」などの言葉は私たち現代人には意味がよくわからないものですが、折口によれば、実はこうした枕詞の多くは、奈良時代には早くも意味がわからなくなっていたものでした。しかしそれにもかかわらず和歌において枕詞が使われ続けたのは、これらが「神にかかる言葉」であり、儀式的な意味があることを人々が知っていたからだ、と折口はいうのです。

このように折口の探求スタイルは、言葉が持っている呪術的な要素に直感的に着目し、取り出してくる、という特徴を持っているため、「検証しにくい」という批判は当たっています。しかし先入観抜きに素直に読んでいると、折口の仮説の持つ独創性、直観の鋭さには何度も唸《うな》らされます。

特に文学の発生を、マレビトの到来とつなげて説明した折口の仮説は、文学なるものが一人の作家なり詩人が頭のなかで創作するものである、と考えてしまいがちな私たちの常識を激しく揺さぶってきます。

言葉への洞察が眠っていた身体感覚を呼び覚ます

言葉の根源的な力に着目し、そこを手がかりに時間を遡《さかのぼ》って解釈する。こうした折口の古代文学へのアプローチ法は、私には非常に面白いものに感じられます。

彼のそのスタイルは、どうやら20代のごく若い頃に確立されていたようです。折口は24歳のときから3年間、大阪の旧制中学校で古典の教員として教壇に立っているのですが、そのときの指導内容がとてもユニークなものでした。

例えば「冴《さ》ゆる」という動詞は、現代では「冴える」に変化し、「鐘の音が冴える」「刃の色が冴える」「目が冴える」などの用法で使われていますが、折口はこの「冴ゆ（る）」の語源が、「心に清涼感を感じる」ことであると説明しました。

あるいは「憤《いきどお》る」という動詞については、感情が激しくなって息が弾み、「息が通る」ことが語源であるとか、「嘆《なげ》く」は、思わず長い溜め息が出ること、すなわち「長い息」が転じて「なげき」になったのだ、などといった説明をしていた、というのです。

「憤る」は現代ではほぼ「怒る」ことと同じ意味の言葉になってしまっていますが、たしかに考えてみれば、「憤」という字は「発憤《はっぷん》する」の「憤」でもあり、「発憤する」はポジティブな意味でも使われます。興奮して息が通るから、「いきどおる」なのだといわれると、身体感覚として共感できます。

普段何気なく使っている言葉でも、その語源をこのように説明されると、なんだか言葉の発生の瞬間に立ち会えたような、感覚が新たに掘り起こされるような感じがしてきます。

「『いきどおる』は、必ずしも怒っている状態を指すわけではなく、興奮によって息の通りが良くなった状態」

「『歎《なげ》（嘆）き』は単に悲しんでいるとは限らず、長い溜め息が出てしまうこと」――

そう思い始めると、なにやら自分の中で眠っていた身体感覚が呼び覚まされるような感じがし、楽しくなってくるのです。

根源にまで遡る直観の力

こうした折口の言葉の根源にまで遡る直観の力が、彼にとっての最初の学問的成果として結実したのが、若干30歳にして成し遂げた『万葉集』全4516首の口語訳でした。

万葉集は、今でこそ口語訳が当たり前のように付記されて刊行されていますが、戦前までは漢字のみで書かれた原文の横に、カタカナでその漢字の読み方が書いてあるだけ、という大変に読みにくいものでした。有名な額田王《ぬかたのおおきみ》の歌（巻1・20首）にしても、こんな調子です。

〈茜草指　武良前野逝　標野行　野守者不見哉　君之袖布流〉
（アカネサス　ムラサキノユキ　シメノユキ　ノモリハミズヤ　キミガソデフル）

その万葉集に対して折口は史上初めての全口語訳を行い、さらに（これも現在では当たり前になっている）漢字仮名まじり文を併記しました。折口によるこのふたつの工夫のお陰で、万葉集はようやく今私たちが読んでいるようなものになったのです。

先ほどの額田王の歌も、折口の刊行した『口訳万葉集』では、以下のように収録されています。

〈あかねさす紫野（ムラサキヌ）ゆき、標野（シメヌ）ゆき、野守は見ずや。君が袖ふる〉
（訳）紫草の花の咲いてゐる野即《すなわち》、天子《てんし》の御料《ごりょう》の野を通つて、我がなつかしい君が袖を振つて、私に思ふ心を示してゐられる。あの優美な御姿を、心なき野守《のもり》も見てはどうだ。

万葉集という歌集は後代に成立した古今和歌集などに比べて素朴な心情を詠った歌が多いのが特徴ですが、なにしろ壬申《じんしん》の乱（672年）の頃からのきわめて古い歌ばかりである上に、当時の方言で詠まれた歌まで収録しているといわれています。現代人はもちろん、江戸

時代にはほとんどの人が読めなくなっていた、とされるこの歌集をすべて現代語に訳すなど、折口独特の言葉に対する根源的直観力がなければ到底不可能な仕事だったでしょう。

折口はこの仕事をやり遂げたことで若くして万葉集の権威になってしまうのですが、戦慄すべきは、彼がこれをすべて口述で行ったということです。

若い頃の折口は経済的に相当に困窮していたらしく、手っ取り早くお金を稼ぐ手段として思いついたのが『口訳万葉集』でした。朝9時から夜10時まで折口が万葉集の原文を読みながら口述で訳し、それを3人の友人が交代で書き取る作業を3カ月続けて完成させたそうですが、折口はこの間、辞書や参考書のたぐいを一切用いなかったそうですから、なんともすごい実力です。

自分の中の感性を見つめながら理解する方法

現在も中央公論新社から刊行されている折口の『口訳万葉集』は、読んでいると、訳者・折口が古代人と自分の心性とを一体化させたか、あるいは自分の手と筆に古代人を憑依《ひょうい》させた、としか思えなくなってくるところがあります。古代の人々の情景、心象を語るその語り口が、まるで恐山のイタコがやる「口寄《くちよ》せ」を思わせるのです。

この世のどのようなものであろうと、それが「なぜ生まれたのか？」を説明すること、つまり発生の謎を解き明かすのは非常に難しいものです。

例えば和歌は、5・7・5・7・7の形式で詠まれることが前提になっていますが、「ではなぜこの形式で詠むようになったのか？」への答えは多様です。

もちろん私たちは、言葉が5・7・5・7・7の定形で詠まれることによってリズミカルに感じられることや、感動が引き起こされる、ということは経験として知ってはいます。しかし「では、なぜ、この歌の形式が胸を打つのか？」と問い始めると、歌の起源について記録した史料など存在しない以上は確定しようがありません。

こうした、もはや誰も語れる人が存在せず、手がかりになるような史料も存在しない謎にアプローチするとしたら、折口のような探求の仕方は有効です。つまり、現存しているものを観察して特殊な直観力でその始まりを推測し、仮説を立てるというやり方です。

もちろん「科学とは検証可能性のことである」というポパー（はじめにを参照）の言に従えば、検証しにくい仮説を終生立て続けた折口は、科学的であるとはいえません。

しかし、折口の仕事にふれて私がつくづく思うのは、たとえ仮説の域を出ないものであろうと、その仮説が際立って独創的であり、説得力もあるならば、その仮設を立てた人は、それだけで学問的な価値をも勝ち取っているのではないか、ということです。

ひらめきの命ずるままに次から次へと立てられた仮説は玉石混淆《ぎょくせきこんこう》であろうし、ときには真面目に考慮するに値しないものもあるかもしれませんが、実証はまた別の人がすればいいだけの話です。

また、民俗学という学問カテゴリーにおいては否定されるものだとしても、文学としての価値がある折口のような「論文」があっても、私はいいと思います。

折口は彼自身が優れた文学者でもありました。『身毒丸《しんとくまる》』『死者の書』などの傑作短編小説を書いているほか、釈迢空《しゃくちょうくう》という名で、多くの歌を遺しています。

代表的な作品をいくつか紹介しましょう。

〈葛《くず》の花 踏みしだかれて 色あたらし この山道を 行きし人あり〉
〈沢蟹《さわがに》をもてあそぶ子に 銭くれて 赤きたなそこを 我は見にけり〉
〈たびごゝろもろくなり来ぬ。志摩《しま》のはて 安乗《あのり》の崎に、燈《ひ》の明かりみゆ〉

私は、このように自分自身が卓越した歌人であった折口であればこそ、古代の人々が歌に託した心性、心の在り方の深いところまで入り込むことができたのではないか、と思います。

自分自身で歌を詠むことができる人は、その歌が湧き出てくるところ、発生地点を、自分の目で見つめることができます。

そのようにして自分の中に湧き上がってきた感覚を手がかりに、「古代の人もきっと同じ感覚だったのではないか」と想像することによって始まる理解の仕方は文字の理解として王道的な道ともいえます。

万葉集に仮託された古代人の心情を探る場合、自分自身で歌を詠む才能がなければ文献など客観的な材料から論証・分析するしかありません。しかしこれでは万葉の言葉が生まれる瞬間の感触まではわかるはずもなく、これはあるいは、万葉集の研究者としては致命的な欠陥なのかもしれないのです。

「憑依型」という知性のあり方

こうした理解の仕方ができる「憑依型《ひょうい》」の知性の持ち主の代表的な一人が、実は太宰治《だざいおさむ》でした。

太宰の作家としての特性の一つは、男性でありながら女性の心理を、時に女性の一人称を使いながら非常にうまく描いたことにあります。

例えば『女生徒』という短編があります。この作品での太宰は、十代の少女の心理を、まるで一人のその人物を自分自身に憑依させたかのようにリアルに、繊細に描写してみせました。冒頭を含め一部を引用してみましょう。

〈あさ、眼をさますときの気持は、面白い。かくれんぼのとき、押入れの真っ暗い中に、じっと、しゃがんで隠れていて、突然、でこちゃんに、がらっと襖《ふすま》をあけられ、日の光がどっと来て、でこちゃんに、「見つけた！」と大声で言われて、まぶしさ、それから、へんな間の悪さ、それから、胸がどきどきして、着物のまえを合せたりして、ちょっと、てれくさく、押入れから出て来て、急にむかむか腹立たしく、あの感じ〉

〈朝は、いつでも自信がない。寝巻のままで鏡台のまえに坐る。眼鏡をかけないで、鏡を覗くと、顔が、少しぼやけて、しっとり見える。自分の顔の中で一ばん眼鏡が厭《いや》なのだけれど、他の人には、わからない眼鏡のよさも、ある。眼鏡をとって、遠くを見るのが好きだ。全体がかすんで、夢のように、覗き絵みたいに、すばらしい。汚ないものなんて、何も見えない。大きいものだけ、鮮明な、強い色、光だけが目にはいって来る。眼鏡をとって人を見るのも好き。相手の顔が、皆、優しく、きれいに、笑って見える。それに、眼鏡をはずしている時は、決して人と喧嘩《けんか》をしようなんて思わないし、悪口も言いたくない。ただ、黙って、ポカンとしているだけ。そうして、そんな時の私は、人にもおひとよしに見えるだろうと思えば、なおのこと、私は、ポカンと安心して、甘えたくなって、心も、たいへんやさしくなるのだ〉――

非常にみずみずしい思春期の女の子の気持ちが一人語りで描かれています。

一方で太宰は『駆込み訴え』という短編も書いており、その作品はこんなふうに始まります。

〈申し上げます。申し上げます。旦那さま。あの人は、酷い。酷い。はい。厭な奴です。悪い人です。ああ。我慢ならない。生かして置けねえ〉

ここだけ読むと、江戸時代を舞台にした捕物帖か何かと思ってしまいそうになりますが、実はこの作品の主人公（語り手）は、今まさにイエスを密告しようとしているユダであることが読み進めるうちにわかるつくりになっています。

この小説は冒頭から最後まで、師・イエスへの迸《ほとばし》るばかりの愛情と、彼が他の弟子たちほどに自分のことを評価してくれないことへの苛立ちの間で懊悩《おうのう》し、愛憎ごちゃまぜの感情を猛烈な勢いでまくし立てるユダの告白によって構成されているのです。

そしてこの作品も、太宰による口述で書かれたともいわれています。口述筆記でこれほど完成された文学作品ができてしまうというのは衝撃です。

人一倍愛情深いにもかかわらず他人から愛されないと感じて卑屈になってしまう、そうしたユダ的な感覚を、太宰自身も自分の中に持っていればこそ、ユダの心情をユダになり代わって語ることができたのでしょう。

私は、こうした資質——自分の中にある他人と似た要素を媒介に、自分以外の別の誰かを理解する能力——は、文学者にとって、さらには創作する人全般、現代社会では商品開発をする人などにとっても欠かせない資質ではないかと思うのです。

「理解」のための二つの道筋

私は本書の序文において、「知性は理解することで駆動する」と述べました。

「理解」には大きく分けて二つの方法があります。一方は分析し、要点を抜き出し、整理する、という前頭葉の前頭前野を使ったやり方です。

最近、哲学の概念を図やイラストでわかりやすく示した本がありますが、ああいった理解の仕方はその典型でしょう。

ただし人によっては、そうではない別の理解の仕方のほうが向いている、ということもあるでしょう。それが本章で述べた、「憑依型」の理解方法です。

読書をするにしても、あまりにも一冊の本、一人の作家に深く入り込むと、その作家なり登場人物の口調が知らず知らずのうちに乗り移ってしまっていることがあります。それくらい深く入り込んだ、自分の感性をフル稼働させるような読書をしたときは、解釈は自分の内側から自然と湧き上がってくるものです。

分析型の理解と憑依型の理解、どちらの方に適性があるかは、柳田と折口のように、その人の生得的な気質に左右される面が大きいでしょう。

分析的理解と直感的理解の二つをともに技とすることも十分に可能です。二つの道を意識するだけでも、知性は確実に磨かれます。

おわりに

知性を磨くことは、私たち一人ひとりの課題です。

現在の世界では、ポピュリズムの台頭が指摘されています。ポピュリズムというのは、一般大衆の利益や願望、不安を利用して、既存の体制と対決するもので、大衆迎合主義とも訳されます。

「あおり」が大衆迎合主義の特徴といえるかもしれません。不安をあおり、利益をあおり、単純な二者択一的選択を迫る。あおられた上で短時間のうちに二者択一を迫られると、人はつい誘導されてしまいます。

「郵政民営化、イエスかノーか」「政権交代、イエスかノーか」。こうした選択の状況が次の現実を生み出し、歴史をつくります。18歳に投票権が引き下げられたいま、高校生でも総合的な判断をする知性が求められています。

知性は、柔軟であることを本質としています。状況に適応していける生物だけが生き残るように、刻々変化する状況の中で柔軟に対応できる判断力、これが知性です。教養があることで、短期的な視野の狭い考え方から脱却することができます。歴史を知り、思考の基本を身につけることで、人に操られるのを防ぐことができます。

常に、「本質的かつ具体的」に思考する習慣を練習して身につけること。これが知性の磨き方の基本トレーニングになります。

「いま自分がいおうとしていることは、本質的なことか。どうでもいいことではないか」

「いま自分がいおうとしていることは具体的か。一般論や抽象論でごまかしてはいないか。現実をよくする具体策を提示できているか」

こうした問いを自分に投げかけながら、会議に参加したり、仕事に向かえば、日々の発言場面ごとに知性が磨かれます。

現代はツイッターやフェイスブックなどのＳＮＳが急速に発達しています。一部では「バカ発見器」と呼ばれるほど、そこでの不用意な発言や画像アップが自らの信用を失わせることにもなっています。

一方で、ＳＮＳで的確な発言を続けていくことで社会的に評価され、リアルな人間関係や仕事の幅が広がっていく人もいます。

いずれにせよ、個々人の知性のレベルがあからさまに表に出る時代になった、ということです。

公道を走るには運転免許が必要なように、本来は、公的な場での発言をするには知性のトレーニングが必要です。現在は、「特別な練習もしていないのに、いきなり公道に出て運転していた」というのと同様な事態がネット上で起きています。

他者を不確かな情報で一方的に批判したり、差別的な言葉を使ったりすれば、致命的な事態を招きます。何かいう前に、「これをいったらどういう影響が出るだろうか」といったん立ち止まって考える習慣を持つだけで、随分知性はアップします。「予測力」は事故を起こさないために最も大切な力です。

デカルトは、「速断と偏見を避けること」「小さな部分に分けること」「順序立てること」「列挙すること」など4つの規則を自分で定め、練習しました。こうした方法を実践することによって精神の働きの精度を高めていきました。

自分で「知性の基本ルール」を定めて、スポーツや演奏の技を練習するようにトレーニングしてみることが有効です。

例えば、デカルトはいくつかの意見があって迷うときは、いちばん穏健なものを選ぶことをルールとしていました。あらゆる極端は悪いことが通例であるからです。孔子はこれを

「中庸《ちゅうよう》」の徳としました。

中庸をルールとして練習してみると、だんだん中庸感覚が身についてきます。

こうした知のトレーニングには手帳の活用がおすすめです。手帳に「中庸ルール」と書いて、食事のメニューの選択や仕事の仕方において実践できたかをチェックします。

フランクリンが手帳を使って、ワザ化したように、手帳で知性のワザをチェックし、磨くわけです。

ルールは、ちょっとしたことでも構いません。図を描いて説明するとか、断定的な言い方を避けるとか、具体例を挙げる等、自分でルールを定め、練習メニューとすることが大切です。

知性は車の運転と同じです。事故を起こさないためには、練習が必要であり、きちんとやれば生活の役にたちます。

日々流れていく情報の下層に、流されない深く豊かな地下水を常に蓄えておくこと。これが知性のイメージです。知の巨人たちが自分の心の中に大樹の森として存在していると感じることも、知性のイメージです。

イメージ豊かに知性ある人生を愉しんでいただければと思います。

この本が形になるにあたっては、ＳＢクリエイティブ学芸書籍編集部の依田弘作さん、ライターの古川琢也さんから大きなご助力をいただきました。ありがとうございます。

２０１６年12月

齋藤 孝

著者略歴

齋藤 孝（さいとう・たかし）

1960年、静岡県生まれ。東京大学法学部卒業。同大学院教育学研究科博士課程等を経て、明治大学文学部教授。専門は教育学、身体論、コミュニケーション論。『身体感覚を取り戻す』（NHK出版）で新潮学芸賞受賞。日本語ブームをつくった『声に出して読みたい日本語』（草思社）で毎日出版文化賞特別賞。著書に『新しい学力』（岩波新書）、『悔いのない人生』（小社）、『語彙力こそが教養である』（KADOKAWA）など多数。NHKEテレ「にほんごであそぼ」総合指導。

SB新書 374

知性《ちせい》の磨《みが》き方《かた》

2017年 1月15日 初版第1刷発行

著　者 齋藤《さいとう》 孝《たかし》

発行者 小川 淳

発行所 SBクリエイティブ株式会社
〒106-0032 東京都港区六本木2-4-5
電話：03-5549-1201（営業部）

装　幀 長坂勇司（nagasaka design）

組　版 米山雄基

執筆協力 古川琢也

編　集 依田弘作

印刷・製本 大日本印刷株式会社

ISBN 978-4-7973-8878-7

SB新書